사대부의 나들이,
뱃놀이와
꽃놀이

사대부의 나들이,
뱃놀이와
꽃놀이

초판 1쇄 인쇄일	2025년 11월 19일
초판 1쇄 발행일	2025년 11월 26일

기 획	한국국학진흥원
지은이	김정운
펴낸이	한선희
펴낸곳	국학자료원 새미(주)
	등록일 2005 03 15 제251002005000008호
	경기도 고양시 덕양구 권율대로 656 원흥동 클래시아 더 퍼스트 1519, 1520호
	Tel 02)442-4623 Fax 02)6499-3082
	www.kookhak.co.kr
	kookhak2010@hanmail.net

ISBN	979-11-6797-283-5 *94910
	979-11-6797-264-4 *94910 (세트)
가격	15,000원

ⓒ 한국국학진흥원 인문융합본부, 문화체육관광부

* 이 책의 한국어판 저작권은 한국국학진흥원과 문화체육관광부에 있습니다. 신저작권법에 의해
보호받는 저작물이므로 무단 전재와 복제를 금합니다.

* 저자와의 협의하에 인지는 생략합니다.
국학자료원 · 새미 · 북치는마을 · LIE는 국학자료원 새미(주)의 브랜드입니다.

한국국학진흥원 전통생활사총서 59

김정운 지음
한국국학진흥원 기획

사대부의 나들이, 뱃놀이와 꽃놀이

국학자료원

◈ 책머리에

한국국학진흥원은 2022년부터 문화체육관광부의 지원 아래 전통생활사총서 사업을 기획하였다. 이 사업은 전통시대 생활문화를 대중에게 널리 알리고자 해마다 20명의 생활사 전문 연구진을 섭외하여 추진해 왔다. 지난해까지 40종의 총서를 대중에게 선보였고, 올해도 다채로운 주제를 담은 20권을 발간하였다.

한국국학진흥원은 국내에서 가장 많은 67만여 점에 이르는 민간 기록물을 소장하고 있는 기관이다. 대표적인 민간 기록물이라 할 수 있는 일기와 고문서는 당시 사람들의 일상을 세밀하게 이해할 수 있는 생활사의 핵심 자료이다.

그동안 한국의 역사는 '조선왕조실록'이나 '승정원일기'와 같이 세계적으로 자랑할 만한 국가 기록물의 존재로 인해 중앙을 중심으로 이해되어 온 경향이 있다. 반면 민간의 일상생활에 대한 이해와 연구는 상대적으로 덜 주목받은 것도 사실이다. 다행히 한국국학진흥원은 일찍부터 민간에 소장되어 소실 위기에 처한 자료들을 수집하고 보존 처리하며 관리해 왔다. 나아가 이들 자료를 번역하고 심층 연구하여 대중에 공개했다. 이러한 민간 기록물을 활용하고 일반 대중에게 기여할 수 있는 효과적인 방법으로, '전통시대 생활상'을 생생하게 재현한 대중서로 집필하기에 이르렀다. 이는 일반인이 쉽고 재미있게 읽을 수 있는 전통생활사총서를 간행한 이유이기도 하다.

총서 간행을 위해 일찍부터 생활사의 세부 주제를 발굴하는 전문가 자문회의를 개최하고, 전통 생활문화를 가장 잘 구현할 수 있는 핵심 키워드를 선정하였다. 인간의 생활을 규정하는 보편적 분류인 정치, 경제, 사회, 문화의 큰 틀 아래, 매년 각 분야에서 핵심적이고 흥미로운 키워드를 선정하여 집필 주제를 정했다. 이번 총서의 키워드는 정치는 '지방 수령의 생활', 경제는 '시장 경제와 화폐 유통', 사회는 '질병과 의료', 문화는 '여가생활'이다.

각 분야마다 5명의 전공자로 집필진을 구성하고, 독자들이 어디서나 가볍게 들고 다니며 쉽게 읽을 수 있도록 다양한 사례를 풍부하게 담아달라고 요청하였다. 풍부한 사례 제시와 더불어 전문 연구자의 깊이 있는 시각을 담아 대중성과 전문성을 동시에 담보할 수 있는 것이 본 총서의 매력이다.

전문적인 서술로 대중을 만족시키기는 결코 쉽지 않다. 원고 의뢰 이후 5월과 8월에는 각 분야의 전공자를 토론자로 초청하여 2차례의 포럼을 진행하였고, 11월에는 완성된 초고를 바탕으로 대규모 학술대회를 개최하였다. 포럼과 학술대회를 통해 원고의 방향과 내용이 더욱 견고해지도록 점검하는 시간을 가졌다. 원고 수합 이후에는 각 책마다 전문가 3인의 심사 의견을 받았다. 출판사를 선정하여 수차례의 교정과 교열 작업을 거치며 완성도를 극대화했다. 책이 세상의 빛을 보기까지 꼬박 2년이 걸렸다. 짧다면 짧은 기간이지만, 2년의 응축된 시간 동안 꾸준히 검토 과정을 거쳤고, 토론과 교정을 통해 원고의 완성도를 높이기 위해 분주히 노력했다.

전통생활사총서는 국내에서 간행하는 생활사총서로는 가장 방대한 규모이다. 국내에서 전통생활사를 연구하는 학자 대부분을 포함하였다. 2024년도 한 해의 관계자만 연인원 백 명이 넘는 명실공히 국내 최대 규모의 생활사 프로젝트이다.

1990년대 이후 폭발적으로 증가했던 일상생활사와 미시사 연구에 대한 학계의 관심이 근래 들어 다소 소홀해진 상황이다. 본 총서의 발간이 생활사 연구에 활력을 불어넣는 계기가 되기를 기대한다. 연구의 활성화는 연구자의 양적 증가로 이어지고, 연구의 질적 향상 또한 이끌 것이다. 이는 전통문화에 대한 대중들의 관심 역시 증폭시키는 선순환을 만들어 낼 것이라 고대한다.

본 총서는 한국국학진흥원의 연구 역량을 집적하고 이를 대중에게 소개하기 위해 기획된 대표적인 사업 중 하나이다. 참여 연구자의 대다수가 전통시대 전공자이며 앞으로 수년간 지속적인 간행을 준비하고 있다. 올해에도 20명의 새로운 집필자가 각 어젠다를 중심으로 집필에 들어갔고, 내년에 또 20권의 책이 간행될 예정이다. 앞으로 계획된 총서만 100권에 달하며, 여건이 허락하는 한 이 소중한 작업을 지속할 예정이다.

대규모 생활사총서 사업을 지원해 준 문화체육관광부에 감사하며, 본 기획이 가능하게 된 것은 한국국학진흥원에 자료를 기탁해 준 분들 덕분이다. 다시 한번 깊이 감사드린다. 아울러 총서 간행에 참여한 집필자, 토론자, 자문위원 등 연구자분들께도 진심으로 감사 인사를 전한다. 책의 편집을 책임진 국학자료원에도 고마움을 표한다. 이 모든 과정은 한국국학진흥원 여러 구성원들의 노력이 있었기에 가능했다.

2025년 11월
한국국학진흥원 인문융합본부

차례

책머리에	4
들어가는 말_ 매원梅園의 사계절	10

1. 짙은 매화 향기에 담겨 오는 봄   15

새해맞이	23
오천 마을의 사람들	28
매원梅園이라는 이름을 더하고	37

2. 복숭아꽃 흩날리는 낙동강 뱃놀이   45

만물이 소생하는 청명절淸明節	48
오천 마을의 풍경	51
침락서당枕洛書堂을 짓고	59
할머니의 뱃놀이	66
청량산에 올라서	72

3. 연꽃 가득한 서재에 피어나는 거문고 소리   85

오천 마을에 핀 군자의 꽃	88
적벽부와 기망旣望의 뱃놀이	100

뱃놀이와 사건 사고　　　　　　　　　　108

4. 진한 가을 향기 머금은 황국화주　　　113

예안의 가을 풍경　　　　　　　　　　115
시사時祀를 지내며 계절을 느끼고　　　121
황국화주를 마시며　　　　　　　　　　127
분盆에 담은 국화　　　　　　　　　　134
할머니와 아내의 온천 나들이　　　　　137
도연명의 꽃, 국화　　　　　　　　　　145
가을 바다에 담긴 특별한 사연　　　　152

나오는 말_ 이상향을 담은 일상 공간　　　161

주석　　　　　　　　　　　　　　　　173

참고문헌　　　　　　　　　　　　　　174

❀ 들어가는 말_ 매원梅園의 사계절

이 책은 17세기 사대부들의 나들이 풍경을 소개한 이야기이다. 나들이는 집을 떠나 가까운 곳에 잠시 다녀오는 일이다. 유람과 비교하면 나들이의 공간은 집에서 그리 멀지 않은 곳에 다니는 것이므로 생활 공간의 연장선상에 있다. 이것은 조선시대 사대부의 나들이에서 중요한 출발점이 된다.

이 책의 주인공은 김광계金光繼이다. 김광계는 1580년에 태어나서 1646년에 세상을 떠났다. 김광계는 본관이 광산光山이고, 자는 이지以志, 호는 매원梅園이다. 김광계의 아버지 김해金垓(1555~1593)는 1589년에 과거에 합격하고 관직 생활을 하다가 왜란이 일어나자 의병장이 되어 전장으로 나아갔다. 김광계의 어머니는 진성이씨인데, 이황의 조카 이재李宰의 딸이다. 김해는 예안 오천 마을에서 살았는데, 증조부 시대부터 예안에 정착하였다. 김해의 아버지와 형제들은 이황의 문인이었다.

김광계가 살았던 시기는 조선시대 역사에서 가장 변화가 큰 시대였다. 사대부 지식인은 성리학의 학문적 탐색을 깊이 있게 하면서 이상적인 일상생활의 방식을 모색하였고, 한편으로는 국가 운영에 적극적으로 담아내기 위해 논의하였다. 그런 가운데 두 차례에 걸쳐 대규모 전쟁을 겪기도 하였다. 이 시기는 성리학으로 상징되는 조선 사회의 지향이 일상의 영역에서 내면화하는 시기였다.

김광계는 태어나서 세상을 떠날 때까지 경상도 북부 청량산 아래 예안 고을에서 살았다. 예안은 이황李滉이 살았던 지역이다. 이황은 예안에서 태어나서 자라고, 공부하고, 혼인하고 자식들을 기르며 살았던 생활공간이었다. 그리고 서당에서 문인들을 만나서 함께 토론하고, 저술 활동을 하던 학문 공간이기도 하였다. 한편으로는 국가의 구성원으로 의무를 수행하고, 하층민들과 더불어 관계를 만들어 가는 공간이기도 하였다. 이황은 생활공간을 자신이 지향하는 성리학자의 관념으로 설계하고 의미를 부여하였다. 김광계가 살았던 오천 마을은 이황의 공간인 도산서원의 남쪽에 있었다.

이 책의 주인공 김광계는 오천 마을에서 평생을 살았다. 오천 마을은 김광계의 선조들이 구상한 관념을 담고 있었고, 김광계는 그곳에서 일상을 보냈다. 그리고 그의 나들이는 선조들이 구상한 관념의 공간으로 더 깊이 들어가는 시간이었다.

어느 해 늦은 봄날 이황은 오랜만에 도산정사에 돌아왔다. 이때에 산 서쪽과 북쪽에는 아직 꽃이 피지 않았지만 산사山寺에는 참꽃과 살구꽃이 잔뜩 피어 있었다. 이황은 도산정사의 풍경을 보면서

早梅方盛晚初開	이른 매화 한창인데 늦 매화는 처음 피고
鵑杏紛紛趁我來	참꽃 살구꽃 분분하게 내가 올 때에 피었네
莫道芳菲無十日	꽃다움이 열흘을 못 간다고 말을 말라
長留應得別春回	오래도록 머무르면 돌아오는 봄을 만나게 되리

— 『퇴계집退溪集』 권5, 「暮春 歸寓陶山精舍 記所見」

라고 하였다. 이황이 바라보았던 도산정사의 풍경은 시간이 흘러 더욱 풍부해지면서 후인들에게 이어졌다.

달콤한 매화 향기가 코끝에서부터 사르르 온몸을 감싸는 듯하다. 꿈에서나 만날 수 있었던 스승을 생각하면서 김광계는 매화를 바라보고 있었다. 김광계는 매화를 사랑하던 스승을 생각하며 매원梅園이라는 이름을 스스로 더 하였다. 책을 읽고, 글을 짓고, 세상의 일을 논의하는 동안 꽃이 피는가 싶더니 어느새 지고 말았다. 잠시 아

쉬움에 젖어 있자니 흐드러지게 피어난 복숭아꽃과 살구꽃에 벌과 나비가 분주하였다. 따스한 햇살에 만물이 소생하는 듯하였는데 장맛비가 줄기차게 내렸다. 구름이 걷히고 뜨거운 태양이 산천에 작열하던 여름날 밤에 연꽃 가득한 연못을 바라보며 거문고를 연주해 보기도 하였다. 어느새 가을바람에 국화꽃 향이 실려 왔다. 그리고 함박눈이 어지럽게 날리는 가운데 이렇게 또 한 해가 저물어 갔다. 김광계의 일상은 자연과 하나 되어 있었다. 이제 17세기 경상도 예안의 사대부 김광계의 일상으로 들어가서 가족과 친지들과 함께 나들이를 나서 본다.

1

짙은 매화 향기에 담겨 오는 봄

김광계에게 매화는 특별한 꽃이었다. 흰 눈 속에서 피어나는 매화는 그대로 눈송이 같기도 하였다. 깊은 겨울만큼 진한 향을 가득 품고 매화의 꽃망울이 피어나기 시작하였다. 이제 봄이 오고 있었다. 깊은 겨울의 끝자락에서 피어나는 매화는 여러 의미가 있었다. 이런 매화를 만나기 위해서는 늦은 가을부터 부지런히 분에 담아 두고, 겨우내 애지중지 보살펴야 했다.

> 올해는 일이 많아서 매화를 싸지 못했는데, 오늘 점검해 보니 반 이상이 말라 죽었다. 역시 나의 성품이 물정에 어둡고 소홀하다는 것을 알 수 있다.
>
> —『매원일기』 1607년 12월 27일

　평소 김광계는 날이 차가워지면 먼저 매화를 분에 옮기고, 마당에 있는 매화는 잘 싸서 겨울을 준비하였다. 경상도 북부 깊은 청량산 아래에 자리 잡은 오천 마을은 겨울이 길고도 매서웠다. 김광계는 매화가 깊은 겨울을 잘 견뎌내기를 간절히 바라면서 단정하게 싸 두었다.

그림 1

조희룡, 〈붉은 매화와 흰 매화〉 부분, 국립중앙박물관 소장, e뮤지엄에서 전재

그러던 어느 해, 그해 겨울은 집안에 일이 많았다. 손아래로 여동생과 남동생이 연거푸 혼인을 하게 되었다. 불과 한 달을 두고 치른 혼례를 준비하느라 분주하였다. 시간이 어떻게 지나갔는지 정신이 없을 지경이었다. 새로 장가온 매부가 혼례를 치르고 한 달 하고도 열흘을 더 처가에서 있다가 이제야, 자신의 집으로 돌아갔다. 김광계는 한숨 돌리면서 오랜만에 뜰에 나가 천천히 걸어 보니 매화가 절반 이상이나 말라 죽어 있었다. 이런 일이 없었는데 속상한 마음에 자신의 타고난 성품을 탓해 보았다. 매화는 김광계에게 일상 속에서 휴식하는 공간이면서 스승을 떠올리게 하는 매개이기도 하였고, 자신의 모습을 돌아보게 하는 거울이 되기도 하였다.

김광계는 매화를 돌보는 데에 정성을 다하였다. 그러니 김광계의 집 매화는 소문이 자자하였다. 매화가 피는 이른 봄이면 친지들을 불러 모아 매화를 보고 느끼고 또, 시를 지어 그날의 감상을 오래도록 간직하였다.

흐림. 밥을 먹은 뒤에 후조당後凋堂에 들어갔더니 덕우 형제도 왔다. 매화꽃 아래에 앉아서 술잔을 기울였는데, 오늘이 청명절이다. 이지[김광계] 집의 매화가 올해 가장 흐드러졌고, 탐스러운 아름다움이 새하얀 눈과 같았다. 여러 사람이 운자를 나누어[分韻] 시를 지었다. 밤늦게 마쳤다.

― 『계암일록』 1613년 2월 18일

    오천 마을에 살고 있는 김령金坽(1577~1641)은 김광계의 재종숙이다. 이날 아침 밥을 먹은 뒤에 김광계의 후 조당으로 갔다. 동네 친족들이 모여서 매화 아래에서 술잔을 기울이며 생각해 보니 오늘이 청명절이었다. 올해는 김광계의 정원에 매화가 오천 마을에서 가장 흐드러지게 피어났다. 김광계가 정성스럽게 돌보았기 때문일 것이다. 매화의 탐스러운 모습이 새하얀 눈과 같았다. 오늘을 잊을 수 없으니 모인 사람들이 운자를 나누어 시를 지었다.

前臘寒未甚, 今春花正繁	지난 섣달에는 추위가 심하더니 올봄에는 꽃이 무성하게 피었네
瓊枝橫晚徑, 雪蕊明芳園	아름다운 매화 가지는 해 질 무렵 골목길을 가로지르고, 눈 같은 꽃술은 아름다운 정원을 밝히었네
皎皎絶俗姿, 逈覺淸而溫	빛나고 밝게 속세를 떠난 맵시는, 조촐하고 상냥함을 멀리 일깨우네

嗟我苦多病, 況値戎馬喧	슬프다. 나는 병이 많은 것을 괴로워하고, 더구나 전쟁의 시끄러움까지 만났네
枕席度年華, 經春不開門	잠자리에 누워 세월만 보내며, 봄이 지나도록 문을 열지 않았네
梅兄此時好, 相對增銷魂	매화는 이때가 가장 좋거늘, 마주하니 더 넋이 사라지네
空吟水邊枝, 辜負林中樽	부질없이 물가의 가지를 읊으니, 숲속 술 단지가 마음에 거슬리네
佳景正惱人, 嘆息終無言	아름다운 경개가 바로 사람을 고달프게 하여, 끝내 말이 없는 것을 탄식하네

김령은 김광계의 재종숙이고, 나이는 세 살이 연상이었다. 오천 마을에서 김광계는 아랫마을에 살았고, 김령은 윗마을에 살았다. 평생 함께 공부하고, 일상을 함께 하였던 동반자였다. 김광계와 김령은 매화를 일상의 가까이에 두고 지냈다. 봄이 오면 뉘 집 매화

가 더 아름다운지 마음속으로 견주어 보기도 하였을 것이다. 김광계와 김령은 참혹한 전쟁을 겪었고, 그보다 혹독한 정치를 겪어 내었다. 그들은 어김없이 매화를 기다리며 한 해를 시작하였다.

새해맞이

1644년, 김광계는 65세가 되었다. 새해가 밝았다. 오천 마을에 살고 있는 여러 친지들이 와서 가묘에 참배하고 그 길로 설술을 나누어 마셨다. 마을 친지들이 모여서 사당에 참배하고 설술을 나누어 마시는 것은 항상 새해가 되면 해 오던 일이었다. 몇 해 전 오랑캐가 침략하였던 그해 1637년 정월 초하루에는 진중에 머무느라 사당에 참배하고 설술을 마시는 일상이 일그러져 버리기도 하였는데, 생각해 보니 그 일도 이미 훌쩍 지난 일이었다.

새해가 되면 김광계는 새로운 계획을 세웠다. 오랑캐가 물러난 다음 해 정월 초하루에는 『주역周易』과 『주자서절요朱子書節要』를 읽을 계획을 가장 먼저 써 두었다. 처음부터 새롭게 시작하고 싶었던 것이다. 이제 60대의 김광계에게 설날은 아들과 함께 찾아오는 친지들과 조용하게 술을 나누는 것으로 보내었다.

할머니께서 살아 계실 때는 찾아오는 이들로 며칠이 분주하였다. 새해 첫날에는 사당에 참배를 하고, 설술을 나누면서 보냈다. 다음 날 혼인하고 나가 살고 있던 둘째 동생이 할머니께 세배하러 찾아왔다. 집안 서얼들 10여 명이 함께 와서 할머니께 인사를 올렸다. 손님을 맞이하면서 한편으로 오랜만에 집에 온 동생과 함께 오천 윗마을로 올라가서 친족들에게 인사를 드렸다.

오천 마을에 살고 있는 김광계의 집안사람들은 위로는 할머니와 어머니가 계셨다. 새해에 할머니께 인사드리고 음식을 마련해서 봉양하는 것은 한 해에서 특별한 일이었다.

새벽에 가묘에 참례參禮를 올리고, 할머니께 장수를 비는 잔을 올렸다. 조금 있다가 제천堤川 할아버지가 사당에 참배하고 자개子開도 왔다. 안채에서 세주歲酒를 따라 올리고 제천 할아버지께 세배를 하였다. 하양河陽 할머니께 가서 세배를 하고 또 제천 할머니께도 가서 세배를 하였다. 조금 있다가 생원 재종숙도 와서 술잔을 나누며 이야기를 하였다. 자리가 끝난 뒤에 여러 아우들과 함께 좌수 댁 가묘에 가서 참배하고 좌수 댁에 들어가서 좌수 재종숙을 뵈었다. 또 내성柰城 재종숙에게 세배하러 가니, 판사 재종숙 및 동네 사람들이 많이 왔다. 돌아올 때 노산蘆山 재종조부 댁에 들러서 보고, 또 지나는 길에 참봉 댁 숙모를 뵙고, 이어서 여러 재종숙과 형제들을 모시고 우리 집에 와서 사당에 참배하고 안채로 들어가서 할머니께 세배를 드렸다.

-『매원일기』 1607년 1월 1일

김광계는 먼저 가묘를 참배하고 할머니께 장수를 비는 잔을 올렸다. 새해 첫날의 풍경은 마치 잔칫집과 같았다. 여러 친족들이 나들이하듯 방문이 이어졌다. 집안의 서얼들은 10여 명이 모여서 할머니에게 인사하러 왔다. 김광계와 형제들은 새해가 되면 특별히 오천 마을의 할머니와 숙모님들에게 찾아가 인사를 드렸다. 집안의 여성들은 인사하러 오는 손아랫사람들을 거두고, 또 인사하러 다니느라 어느 때보다 분주하였다. 한 해의 시작은 이렇게 가까운 친족들의 집을 찾아 잔치인 듯 나들이인 듯 시간을 보내곤 하였다.

여러 친족들이 집안에 새해 인사를 하면서 사나흘이 지나갔다. 이제 인근 마을에 있는 어른들에게 인사를 하러 나섰다.

> 밥을 먹은 뒤에 인보와 함께 제천 할아버지와 생원 재종숙을 모시고 월천月川 선생을 뵈러 갔다. 그길로 서원에 가니 사우들이 많이 와서 모였다.
>
> ―『매원일기』 1605년 1월 4일

김광계는 오천 마을에 살고 있는 금응협과 함께 월천으로 가서 조목에게 새해 인사를 하였다. 그길로 도산서원으로 갔더니 여러 사우들이 와서 모여 있었다. 다음날 조목이 서원에 오기를 기다렸다가 함께 서원에 참배를 하였다. 도산에서 참배를 마치고 역동서원으로 가서 또 참배를 하였다. 금응협은 김광계의 고조 김효로의 외손자인데, 오천 마을에서 태어나서 평생을 살고 있었다. 오천 마을에 사는 김효로의 자손들 가운데 어른으로 자리하고 있었다.

김광계와 오천 마을 사람들은 이렇게 한 해를 시작하였다. 집안 사당에 참배를 하고, 가장 웃어른으로 자리하고 계시는 할머니께 세배하고 음식을 마련해서 장수를 빌었다. 줄지어 찾아오는 친족들의 세배를 받으며 할머니는 집안의 위계와 자신의 위상을 확인하였다. 새해의 풍경은 집안으로만 두고 본다면, 마치 잔칫집과 같았고 방문하는 이들은 잔치에 나들이하러 가는 모습이었다.

집안에서 인사를 하며 며칠을 보낸 후에 김광계는 인근 동네로 나갔다. 주변 마을에는 여러 어른들이 살고 계시니 찾아뵙고 인사를 올렸다. 그리고 여러 사우들과 함께 도산서원으로 향하였다. 사우들이 모여서 서원의 사당에 새해 인사를 올렸다. 도산서원이 먼저였고, 다음으로 역동서원에 참배하였다. 이렇게 김광계는 한 해를 시작하였다. 새해의 풍경에서 집안과 동네 그리고 향촌 사회의 구성원으로 사대부 김광계의 다층적인 위상을 볼 수 있다.

[김광계 가계도]

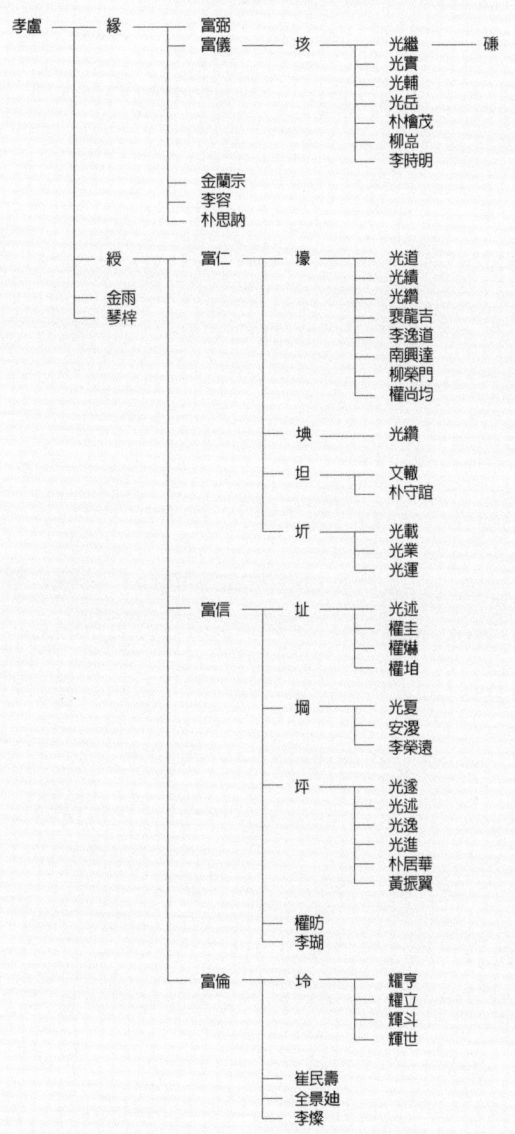

1. 짙은 매화 향기에 담겨 오는 봄

오천 마을의 사람들

김광계는 아버지 김해金垓(1555~1593)와 어머니 진성이씨 사이에서 7남매 가운데 장남으로 태어났다. 김광계에게는 아래로 세 명의 동생과 세 명의 누이가 있었다. 김광계는 1580년 경상도 예안현 오천 마을에서 태어났다. 도산서원에서 낙동강을 따라 남쪽으로 조금 내려오면 김광계의 고조 김효로金孝盧(1454~1534)가 터를 잡은 오천 마을이 자리하고 있었다.

김효로에게는 두 아들과 두 딸이 있었는데, 두 아들과 딸 하나는 혼인을 한 후에 오천 마을에 살게 되었다. 김효로의 장남 김연金緣(1487~1544)은 1519년에 문과에 급제하였고, 강원도 관찰사를 지낸 이력이 있다. 아내는 창녕조씨 조치당曺致唐의 딸이었다. 김연과 조씨 부부는 아들 둘과 딸 셋을 두었다. 김연의 장남 김부필金富弼(1516~1577)은 이황의 문하에서 공부하였고, 학문이 독실하다는 평가를 받아서 문순文純이라는 시호를 받았다. 그리고 차남 김부의金富儀(1525~1582) 역시 이황의 문하에서 공부하였다.

김부필은 아내 진주하씨와 사이에서 자녀가 없었다. 그래서 김부의의 외아들 김해가 김부필과 김부의 형제의 가계를 아울러 계승하게 되었다. 김해의 장남 김광계는 위로 고조 김효로부터 증조 김연과 양조부 김부필, 생조부 김부의 그리고 아버지 김해의 기반을 그대로 이어서 오천 마을에서 태어나서 살게 되었다.

김광계는 1580년에 태어났다. 1592년 김광계가 열두 살이 되던 임진년에 왜란이 일어났다. 김광계의 아버지 김해는 1589년 34세에 문과에 급제하고 승문원 정자를 거쳐 예문관 검열을 지낸 관료였다. 그러나 잠시 관직 생활을 하는 가운데 기축옥사에 연루되었고, 이후 낙향해서 예안에서 지내고 있었다. 그런 가운데 왜란이 일어났다. 전쟁이 일어나자 경상도는 삽시간에 전쟁의 소용돌이에 휘말렸고, 혹독한 전쟁의 무대가 되었다. 김해는 영남 좌도의 의병장으로 추대되었다. 이것으로 김해가 안동을 중심으로 하는 경상도 북부 지역에서 영향력 있는 사람이었다는 것을 알 수 있다. 그리고 김광계의 어머니는 이재李宰의 딸이다. 이재는 본관은 진성이고, 이황李滉(1501~1570)의 조카이다. 김광계는 이황이 평생을 두고 쌓아 올린 학문적 기반 위에서 태어나서 자란 사람이었다.

김광계는 이런 문화 속에서 성장하였다. 김광계는 자신을 포함하여 4명의 형제들과 세 명의 누이가 있었다. 왜란이 한창이던 1593년 5월 김광계의 어머니 이씨가 세상을 떠났다. 김해는 전장에서 의병을 지휘하던 중에 아내가 위독하다는 소식을 듣고 급하게 집으로 길을 나섰다. 그런 가운데 전장에서 병을 얻은 김해는 아내가 세상을 떠나고 불과 한 달이 채 못되어서 6월에 세상을 떠났다. 이제 막 10대에 접어들었던 김광계에게 처한 현실은 가혹하기만 하였다. 할머니가 계셨지만 김광계는 이제 가장이 되었다.

전쟁은 끝이 나는가 싶더니 다시 이어졌다. 그렇게 10여 년의 세월이 흘렀고, 김광계는 20대에 접어들었다. 김광계는 아직 혼인하지 않은 두 동생의 혼인을 직접 치러야 했다. 먼저 여동생이 혼인을 하게 되었다. 1607년 11월 12일 여동생의 혼례는 이웃에 살고 있는 김광계의 재종숙 김령金坽(1577~1641)의 기록에서 볼 수 있다.

> 아침에 덕여와 김참이 누이를 보기 위해 왔다. 백승伯承(김광계)의 집 혼사 때문에 동네에서 하던 관례로 계주鷄酒와 거구어巨口魚(농어)를 보냈다. 정오에 백승의 집으로 갔다. 의논하여 홀기笏記를 쓰고 이율李㠉(1583~1615)을 찬자贊者로 삼았다. 교배례交拜禮를 할 자리 배치는 당연히 동서東西로 해야 하는데, 편의상 남북南北으로 향하게 놓았다. 고쳐 놓으려다가 고치지 못하였으니 한스럽다. 저녁에 신랑이 왔다. 그는 의령수령 이함李涵 씨의 아들 이시명李時明이다. 요객은 예안수령 안담수安聃壽와 이정회李庭檜, 신랑의 형 이시청李時清이었다. 제천 표숙, 좌수 형, 평보 형, 백승이

손님을 대접하였다.

— 『계암일록』, 1607년 11월 12일

매서운 추위가 기승을 부리던 1607년 11월에 여동생이 혼인을 하였다. 김광계의 재종숙 김령은 김광계 집에서 혼례하는 날 아침에 동네에서 해 오던 대로 부조 물품을 보냈다. 그리고 정오에 김광계의 집으로 가서 함께 홀기를 쓰고, 찬자를 지정하고, 교배례를 하기 위해 자리를 마련하였다. 교배례의 자리 배치는 『가례』를 그대로 시행하고 싶었는데, 공간이 여의치 않았다. 어쩔 수 없이 방향을 바꾸어 남북으로 자리를 두었더니 아쉬움이 남았다. 신랑은 형 이시청과 예안수령 안담수와 이정회와 함께 오후 늦게 김광계의 집에 도착하였다. 준비해 둔 자리에서 신랑과 신부는 교배례를 거행하였다. 그리고 다음날 신랑의 형을 비롯해 신랑과 함께 온 손님들은 모두 돌아갔다. 그리고 김광계는 동네 남녀 친족들을 모아서 술자리를 마련하였다.

그 해는 유독 추위가 길고 깊었다. 막내 여동생의 혼례 때문에 여러 손님들이 다녀갔다. 게다가 먼저 혼인한 김광계의 다른 누이들은 남편과 함께 와서 벌써 몇 달째 머물고 있었다. 신랑 이시명은 혼인을 하고서 계속 김광계의 집에서 지내고 있었다. 이렇게 정신

없이 한 달 남짓 날들을 보냈는데, 이번에는 막내 남동생이 혼인을 하였다. 여동생이 혼인을 하고 한 달이 되어가던 12월 19일, 김광계의 막냇동생 김광악金光岳(1591~1648)이 혼례를 하였다.

동네의 친족들은 김광악의 혼례를 이틀 앞두고 김광계의 집에 모였다. 신부의 집으로 가져갈 물품을 정리하고, 납폐장[혼서]을 준비하기 위해서였다. 납폐장은 영천에 살고 있던 김광계의 첫 번째 누이의 남편 되는 박회무朴檜茂(1575~1666)가 썼다. 모인 사람들은 아침부터 준비를 하였고, 밥을 먹고 관례를 올렸다. 신부의 집으로 가져갈 납폐장을 쓰고, 관례를 올리는 것으로 혼례를 할 준비는 되었다.

관례는 혼례를 앞두고 하였다. 『가례』에 관례와 혼례는 별도의 의례이지만, 이들은 함께 시행하였다. 납폐장은 『가례』의 '납폐納幣' 혹은 '납징納徵'이라고 하는 절차에서 보내는 문서이다. 폐백과 함께 보내는 문서인데, 이것을 주고받는 것으로 혼인이 성립된 것으로 보았다. 『가례』에는 친영을 하기 전에 납폐의 절차가 있다. 그러나 여기서는 신랑이 교배례를 하러 가는 날에 납폐장을 함께 전달하였다. 혼인 문서의 전달과 교배례로 압축된 혼인 예식을 함께 진행하였다. 『가례』와 비교해서 절차를 수행하는 기간이 짧아졌다. 먼저 문서를 받아 두고, 예식을 치르지 않은 상태에서 문제가 생긴다면 양측에 부담이 클 수 있었다. 그러니 절차는 줄여서 핵심적인 것을 한 번에 수행하였다.

다음 날 김광악은 납폐장을 들고 혼례를 하러 신부의 집으로 출발하였다. 예안에서 출발해서 의성에 있는 신부의 집까지 가는 길은 당일에 갈 수 있는 거리가 아니었다. 그래서 신랑과 요객들은 하루 앞서 출발하였다. 가는 길에 안동을 지나면서 누이의 집에서 하루를 묵었고, 다음 날 신부의 집에 도착하였다. 김광악은 오후 늦게야 신부의 집에 도착하였다. 이시명 부부의 혼례와 같이 그날 저녁에 김광악은 교배례를 하였다. 이날 함께 갔던 김광계는 하루를 묵고 다음 날 집으로 돌아왔다. 그리고 신랑 김광악은 일주일이 지난 12월 25일 예안의 집으로 돌아왔다.

> 추위가 어제와 같았다. 오후에 판사·생원 두 형과 함께 백승의 집에 갔다. 이직이 어제 처가에서 돌아왔는데, 처가에서 가져온 술과 안주로 여러 친척들과 함께 먹기 위해서였다. 찬중 부자, 광운·광하 모두 모였다. 안으로 들어와서 술을 마시며 이야기를 나누었다.

김광악이 혼례를 하고 집으로 돌아오자, 동네 친족들이 그를 맞았다. 처가에서 가져온 술과 안주로 동네에서 잔치가 벌어졌다. 집에는 지난달에 혼례를 하고 한 달째 머물고 있는 이시명도 있었다. 김광악이 돌아온 다음 날 이시명은 영해에 있는 자신의 집으로 돌아갔다. 그리고 이시명은 다시 1월 7일에 처가로 돌아왔고, 김광악은 2월 7일에 의성의 처가로 갔다. 사람에 따라 차이가 있는 것 같은데, 이시명이 유독 처가에서 생활하는 편이었다.

김광계는 이렇게 바쁘게 가을부터 겨울을 보내었다. 왜란 가운데 부모님의 모두 돌아가시고, 어린 나이에 가장이 되어버린 김광계였다. 벌써 부모님이 돌아가시고 10년의 세월이 흘렀지만, 여전히 가장으로 집안의 대소사를 치르는 것은 부담스러웠다. 게다가 어려서 부모님을 모두 잃고 외롭게 자랐던 동생들이었다. 두 동생의 혼사는 김광계가 몹시 걱정하였던 일이었다. 이렇게 겨울을 보내고 정신을 차렸더니 사랑스러운 매화가 이미 절반이나 말라버리고 말았던 것이다. 그해 겨울을 떠올려 보면 혼인을 준비하면서 분주한 가운데 방안에 두었던 국이며 음식이 모두 얼어 낭패를 보았던 기억이 있었다. 이렇게 추운 날이 이어졌던 해였다. 이런 낭패가 없었다.

남동생은 처가에서 혼인을 하고, 주로 그곳에서 거처하였기 때문에 크게 번거로운 일은 없었지만, 여동생이 문제였다. 11월에 혼인한 후에 신랑 이서방은 한 달째 여동생과 함께 집에 머물러 있었다. 12월 말이 되어서야 이서방[이시명]이 영해에 있는 부모님의 집으로 돌아갔다. 김광계는 그제야 한숨 돌리게 되었다. 그때서야 매화분을 보았더니 절반이나 말라 죽어 있었다. 이럴 수가. 때에 맞추어 싸서 돌보아야 했는데, 그러지 못한 것을 후회하였지만 어쩔 수 없는 일이었다. 이 겨울을 어찌 보내야 할지 서글펐다.

김광계의 처가는 의성의 광주이씨 가문이었다. 장인 생원生員 이산악李山岳(1548~?)은 성종 때 좌의정을 지낸 이극균李克均(1437~1504)의 후손이다. 이산악은 현풍곽씨와 혼인하여 이근곤李根坤, 이근후李根垕 아들 2명을 두었다. 김광계를 포함한 사위들은 모두 왜란과 호란에서 영남 지역 의병장으로 활약하였으며, 학문적으로도 장현광張顯光(1554~1637)과 박성朴惺(1549~1606)의 영향을 받았다. 김광계의 동서들 중에서 대구 현풍 출신인 구거당九居堂 곽경흥郭慶興(1569~1621)은 박성의 문하에서 공부하여 1610년 생원시에 합격하였고, 임진왜란 때 곽재우郭再祐(1552~1617)와 함께 의병 활동으로 많은 전공을 세웠다. 이민환李民寏(1573~1649)은 장현광의 문인으로 1600년 문과에 급제하여 다양한 벼슬을 했고, 이괄의 난과 정묘호란 때 임금을 호종했으며 병자호란 때에는 영남 호소사 장현광의 종사관으로 출전하여 활약하였다.

김광계와 김렴은 양대에 걸쳐 명문인 광주이씨 집안과 혼인을 하였다. 김광계는 광주이씨와의 사이에 자녀를 두지 못하였기 때문에 동생 김광실의 셋째 아들 김렴으로 후계를 삼았다. 김광계의 입후자인 김렴은 성주 사람 이윤우李潤雨(1569~1634)의 딸과 혼인을 하였다. 이윤우는 영의정을 지낸 이준경李浚慶(1499~1572)의 손자이며, 1606년 문과에 급제하고 정언, 수찬, 담양부사, 공조 참의를 역임하였다. 김광계는 이런 사람들과 오천 마을에서 생활하였다.

매원梅園이라는 이름을 더하고

김광계는 겨울에 접어들면 매화를 싸 두는 데에 특별히 정성을 더 하였다. 분에 담아 방 한쪽에 두었다. 그해 겨울, 매화를 잘 돌보았더니 꽃망울을 터트렸다. 어찌나 반가운지. 친족들을 모아 함께 매화를 구경하였다.

> 동네 친족들이 매화를 구경하기 위하여 와서 모였다. 제천 할아버지가 술을 세 순배 돌리고 일어나 서원으로 갔다.
> —『매원일기』 1609년 3월 15일

그림 2
〈전기 필 매화초옥도〉,
국립중앙박물관 소장,
e뮤지엄에서 전재

1. 짙은 매화 향기에 담겨 오는 봄

그들에게 매화는 특별한 꽃이었다. 경상도 북부의 내륙 지역, 겨울의 추위는 매서웠고, 눈이 자주 내렸다. 이 겨울의 추위를 가득 머금고, 여전히 흰 눈이 간혹 내리는 때에 매화는 피어났다. 매화는 사대부의 일생을 담았고, 꽃망울이 터지기를 기다리는 것은 사대부의 일생과 같았다.

새벽부터 매화나무 끝에서 꽃망울이 터지는 듯하더니 눈 그친 뒤 달빛을 받아 서로 빛을 발하여서 마치 사람 사는 세상의 경치가 아닌 듯하였다.

─『매원일기』1628년 2월 20일

흰 눈이 가득한 밤에 달빛을 받아 반짝이는 매화의 모습은 그야말로 사람 사는 세상의 경치가 아닌 것만 같았다. 김광계는 눈 담긴 매화를 가만히 보면서 매화를 노래하였다.

榧几氷霜在	비자나무 궤연 얼음 속에 있는데
梅梢雪蘂空	매화 가지에 눈 내리니 꽃술이 비었네
不堪三弄咽	세 곡조에 목이 메니 듣기 어렵고
誰與一尊同	누구와 술 한 동이를 같이 마실까

鼻觀殘香裏	콧속으로 남은 향기 스며드는데
心期昨夢中	마음으로 어젯밤 꿈을 기약했었네
那知北林北	어찌 알겠는가. 북쪽 숲 너머에는
猶有未開叢	아직 피지 않은 매화 떨기 있을는지

—『국역 오천세고』하권, 『매원유고』권1, 「咏梅」

매화는 김광계의 평생 동반자였다. 그런 마음을 담아 매원이라는 이름을 더하였다. 젊은 날 친구들과 함께 매화를 감상하면서 술잔을 기울이던 기억이 손에 잡힐 듯한데, 어느덧 60세에 이르렀다. 친구들은 하나둘씩 세상을 떠났다. 매화 향기는 가득한데, 이제 누구와 술잔을 함께 해야 할까. 서글픈 마음이 들었다.

> 정원의 매화 6, 7그루가 활짝 핀 것이 눈과 같아 몹시 아름답고 감상할 만하였다. 몇 가지 꺾어 화병에 꽂아서 방에 두었더니 맑은 향기가 코를 찌른다.
>
> —『매원일기』1639년 3월 11일

슬픔에 잠겨 있자니 다시 해가 바뀌었고, 매화는 어김없이 피어났다. 정원에 대여섯 그루 있던 매화에서 꽃이 피어났다. 몇 가지를 꺾어 화병에 꽂아 두었더니 온 방에 향기가 가득하였다. 매화를 사랑하였던 이황의 영향으로 그 제자들에게 매화는 스승을 연상하게 하는 매개였다. 김광계는 박성과 정구, 장현광에게 영향을 받으면서 자신의 학문 세계를 만들어갔다. 이 가운데 정구는 여러 측면에서 김광계에게 깊은 영향을 주었다.

김광계는 정구가 세상을 떠나고 문집을 만드는 일을 진행할 때 서찰을 수집하는 일을 맡게 되었다. 정구의 제자들 가운데 경상도 북부 지역 예안을 중심으로 관계가 형성되었던 사대부들 사이에서 김광계는 정구의 문인들 가운데 중심에 있었던 것이다.

> 작년에 한강寒岡 문하의 여러 공들이 나를 유사有司로 삼아서 한강의 서찰을 수집하여 이 지역에 있는 것을 등사하여 보내도록 하였으나 이럭저럭 미루다가 아직 보내지를 못하고 있는데, 지난번 무백茂伯의 편지를 보니 한강문집의 수정이 끝나가므로 급히 베껴 써서 보내야 할 것이라고 운운하였다. 그래서 병을 무릅쓰고 도산서원에 와보니, 사숙士夙이 영천榮川 선비 민성閔鋮[기지器之]과 함께 서원에 와 있었고, 봉화奉化 사람 권추權錘도 왔다.
>
> —『매원일기』 1631년 2월 26일

김광계는 스승의 문집을 편찬하는 데에 참여하였다. 서찰을 수집해서 베껴 보내는 역할을 맡았는데, 차일피일 미루다가 아직 보내지 못하고 있었다. 그런데 소식을 들으니 문집의 수정이 거의 다 되어 간다고 하였다. 더는 미룰 수가 없었다. 도산서원으로 갔더니 여러 사람이 와 있었다. 급히 서찰을 모아 베껴 보냈다. 김광계는 정구를 스승으로 문하에 출입하였고, 스승의 생전에는 성주와 사수로 가서 이야기를 나누었다. 스승이 중풍으로 몸이 불편하게 된 후로는 온천 나들이에 가서 인사하고 머물며 가르침을 받기도 하였다.

20대의 김광계가 어느 날 정구를 만나기 위해서 성주로 갔다.

> 정원에는 매화나무 수십 그루가 섞여 심어져 있었는데, 이름을 백매원百梅園이라 하고, 창밖에는 수백 그루의 대나무가 있었으며, 그 창문의 이름은 죽유竹牖라고 하였다. 골짜기가 그윽하고 깊고 샘물과 돌은 맑고 깨끗하여 참으로 아름다운 경치였다.
> —『매원일기』 1608년 10월 8일

정구의 서당 정원에 매화나무 수십 그루가 심어져 있었다. 이름은 백매원이라고 하였다. 그리고 서당을 둘러싸고 둘레에는 수백 그루의 대나무가 있었는데, 이름은 죽유라고 하였다. 골짜기가 참으로 아름다운 경치였다. 정구는 78년이라는 긴 생애를 사는 동안 많은 사람을 만나 교유하였다. 때로는 사우들을 위해 애도의 글을 짓기도 하였고, 다양한 사람들이 글을 지어주기를 요청하는 부탁에도 응해야 했다. 정구가 학문을 하고 다양한 저술을 남기게 되는 창작의 현장은 일상의 공간과 밀접한 관계를 가지고 있었다.

정구는 성주 사월리沙月里 유촌柳村에서 태어났다. 정구는 31세 때인 1573년 창평산에 한강정사寒岡精舍를 지어 공부하는 자리를 잡았다. 그리고 40대에서 50대에 활발한 학문 활동을 할 때 정구는 회연초당檜淵草堂을 지었다. 그리고 회연초당의 정원에 가득히 매화를 심었다. 정구의 일생을 되짚어 보고 그가 생활하였던 공간의 역할을 생각해 보면, 한강정사는 후배 학자들이 스승 정구를 기억하는 공간이었고, 회연초당은 그들이 머물며 강학의 공간이었다.

정구의 공간 가운데 백매원은 특별한 의미가 있다. 정구가 많은 정사를 경영하면서 각각의 공간에 뜻과 상징을 부여하였다. 정구는 선영이 보이는 곳에 집을 지어 어버이를 그리워하는 예의 도를 다하면서 수신과 강학의 장소로 사용하였다. 이와 함께 회연초당의 마당에 백매원을 조성하였다. 매화는 군자의 지조와 절개를 상징하며, 백매원이라는 공간을 조성하여 사대부의 이상을 담아내고자 하였다.

이런 스승을 보고 흠모하였던 김광계였다. 김광계는 매화를 사랑하였던 이황과 그의 학문과 삶을 긍정하면서 따르고자 하였던 정구의 백매원에서 공부하였다. 김광계에게 매화는 스승의 상징이었다. 자신에게 '매원'이라는 이름을 더하는 것으로 스승의 학문과 삶의 모습을 닮아 가고자 하였다.

2

복숭아꽃 흩날리는 낙동강 뱃놀이

긴 겨울을 보내었다. 김광계는 사랑하는 매화를 만나 향기에 취하여 며칠을 보냈다. 그것도 잠시 이제 꽃이 지려고 한다. 서운한 마음에 주변을 둘러보았다. 지는 매화를 바라보면서 서운한 마음이 들었다. '꽃다움이 열흘을 못 간다고 말을 말아라. 오래도록 머무르면 돌아오는 봄을 만나게 되리니[莫道芳菲無十日長留應得別春回].'라고 하신 스승의 말씀이 떠올랐다. 돌아오는 봄을 기다리면서 주변을 둘러보았더니, 살구꽃이며 진달래가 산에 가득하였다.

만물이 소생하는 청명절淸明節

청명은 음력으로는 3월에, 양력으로는 4월 5~6일 무렵에 든다. 24절기의 다섯 번째 절기. 청명淸明이란 하늘이 차츰 맑아진다는 뜻을 지닌 말이다. 청명에는 부지깽이를 꽂아도 싹이 난다는 속언이 있으니 새해 모든 생명이 생기를 찾아 소생하고, 본격적으로 농사가 시작되는 때였다. 청명 무렵에 논밭의 흙을 고르는 가래질을 시작하는데, 이것은 특히 논농사의 준비 작업이 된다. 청명이 되면 비로소 봄 밭갈이를 한다. 한식寒食의 하루 전날이거나 같은 날일 수 있어서 조선시대 사대부들은 이즈음에 선조의 분묘를 찾아 점검하였다. 김광계는 청명절이면 선조들의 분묘를 살폈다.

> 청명절淸明節인데도, 문중에 초상이 난 데다가 제수씨의 상사喪事가 있어서 산소에 올라가 제사를 지낼 수 없기 때문에 이날 아우들과 함께 능동 재사陵寺에 가서 선영에 전奠을 드리고, 그대로 머물러 잤다.
>
> —『매원일기』 1616년 2월 26일

청명에는 산소를 점검하였다. 지난가을 시사를 지낸 이후로 겨울에는 성묘를 하지 않았다. 봄이 되어 만물이 소생하는 때였고, 한식이었다. 다만 이번에는 문중에 초상이 있는 데다가 집안에는 제수씨의 상사가 있어서 산에 올라가지는 못하고 재사에서 전을 올리는 것으로 대신하였다.

1627년 2월 22일이었고, 청명절이었다. 국난이 매우 다급하여 비록 산소에 올라가서 성묘할 수는 없다고 하더라도 또한 가묘에서라도 전奠을 드리고 싶어서 집으로 돌아가고 싶은 마음이 간절하였다. 그러나 모든 사람들이 다 군사를 동원할 시기가 임박하였는데 군사들은 아직 조련되지 못하였고, 병장기는 아직 갖추어지지 않은 상태에서 장수의 임무를 맡은 자로서 잠시라도 다른 곳으로 나갈 수 없기 때문에 집으로 돌아갈 수 없었다.

김광계가 살았던 시대는 전쟁이 빈번하게 일어나던 때였다. 임진년(1592)부터 정유년(1597)까지 7년이 다 되어가는 동안 전쟁의 혼란을 겪었다. 이윽고 정묘년(1627)에는 북쪽에서 오랑캐가 침략하였고, 병자년(1636)에 다시 북쪽 오랑캐가 침략하였다. 불과 50년 사이에 세 차례나 전쟁이 일어났다. 이전에는 결코 없던 일이었고, 이후에도 이런 일은 없었다. 단지 김광계가 살았던 때에나 있었던 특별한 시대였다.

이런 일이 있었기 때문에 김광계에게 해마다 철마다 돌아오는 절기는 오히려 반갑고 소중하게 여겨졌다. 특히 청명은 봄볕이 따사로운 때였다. 산소에 성묘하고, 모인 동네 친족들과 강사江舍로 나가서 술을 마시며 이야기를 나누는 것으로 한 해 나들이가 시작되었다.

오천 마을의 풍경

김광계가 살았던 오천 마을은 경상도 예안현에 자리하였다.

> 매화꽃이 지려고 하나 진달래꽃이 붉게 피고 살구꽃도 흐드러지게 피어 마치 비단이 산을 단장한 듯하니, 한 해의 아름다운 계절이 이때보다 나은 때는 없다.
> —『매원일기』 1631년 3월 11일

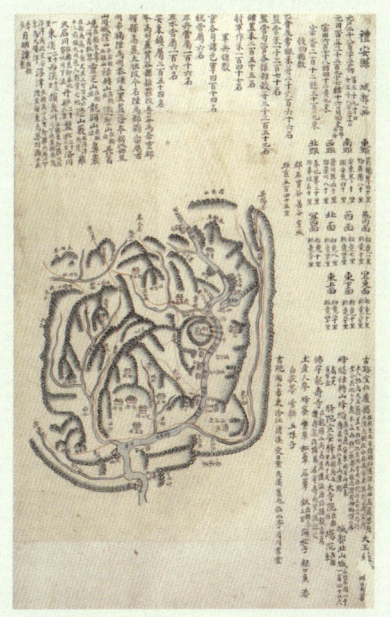

그림 3
《해동지도》 예안현,
서울대학교 규장각한국학연구원 소장

이렇게 아름다운 봄날이었다. 매화가 지려 하는 데에 아쉬워할 틈도 없이 어느 사이에 살구꽃과 진달래가 붉게 피어나 있었다. 마을의 뒷산과 마주 보이는 산에 가득히 꽃이 피어나니 마치 비단으로 산을 단장한 듯하였다. 이렇게 날씨가 따듯하니 집에서만 머물러 있기 갑갑해졌다. 김광계는 꽃구경을 나섰다.

봄이면 꽃놀이를 즐기려는 데에는 남녀노소가 차이가 없었다. 따뜻한 봄날 김광계의 할머니는 여러 건물 가운데 꽃구경을 하기에 제격인 근시재로 나아갔다.

> 할머니가 제천 할머니 및 여러 부녀와 함께 근시재近始齋에서 꽃구경을 하였다.
>
> —『매원일기』 1605년 3월 4일

> 할머니 및 제천 할머니께서 부녀자들을 이끌고 근시재近始齋에서 강변으로 구경 가고 싶어 하여 내가 덕여 형, 자첨, 사첨, 이건, 이도 등과 함께 뒤따라갔다. 정자 터에 올라가 구경하고 날이 또 저물어 다른 사람들과 함께 내려왔다.
>
> —『매원일기』 1607년 2월 27일

> 제천 할머니 및 우리 할머니와 여러 부녀자가 강사에 놀러 갔다. 나는 여회·덕회 형, 이건·이도와 함께 뒤따라갔다. 지나는 길에 자개를 만나 같이 가려고 하였으나 몸이 아프다면서 가지 않으려고 하였다.
>
> —『매원일기』 1609년 3월 16일

근시재는 김광계의 아버지 김해의 당호이다. 김해는 꽃구경을 하기에 좋은 곳에 집을 짓고 당호를 자신의 호로 삼았다. 김광계의 할머니 김부필의 아내 하씨는 김해의 큰어머니이다. 하씨는 김해의 어머니가 그를 낳고 칠일 만에 세상을 떠나자 어린 김해를 길렀다. 이어서 김해의 아버지 김부의가 1577년에 세상을 떠나고, 이제 자신의 남편 김부필마저 1584년에 세상을 떠나면서 집안에서 가장 웃어른으로 오천 마을의 중심이었다. 게다가 김해 부부가 1593년에 연이어서 세상을 떠나자 김해 부부가 남긴 7남매를 손수 길러 혼인을 시키기도 하였다. 그런 할머니는 김광계 형제에게 특별한 존재였다.

김부필의 아내 하씨가 혼인을 하고 생활하였던 곳이 오천 마을이었다. 오천 마을은 앞으로 낙동강이 바라다보이는 야트막한 언덕에 자리하고 있었다. 남편과 함께 지냈던 후조당은 이제 오천 마을 친족들에게 구심점이 되는 공간이었다. 그리고 아들 김해는 마을이 잘 내려다보이는 곳에 서재를 짓고 근시재라고 하였다. 오천 마을은 이들의 역사가 담긴 공간이었다. 오천 마을을 앞에는 낙동강이 흘렀다. 낙동강은 농사를 지을 때는 물을 대어주고, 길을 나설 때에는 배를 띄워 다니기도 하였다. 그리고 이날처럼 따뜻한 봄이면 배를 띄우고 흥취를 자아낼 수 있는 풍류의 공간이 되기도 하였다.

> 자개와 광실과 광보 두 아우 및 김구 아재와 함께 놀러 나갔다. 자개는 제천 할아버지가 불러서 먼저 가고, 나는 두 아우와 김구 아재와 함께 우암 위에 벌려 앉아 백주를 따르고 큰 소리로 노래를 불렀다. 역시 기수沂水에 목욕하는 흥취를 상상할 수 있었다. 올 때 사앙 집에 들러서 술을 마시고, 자개 집에서도 마셔서 취하여 집에 돌아왔다.
> —『매원일기』 1605년 3월 11일

김광계는 3월 초, 따뜻한 봄날에 마을 앞에 널찍한 바위로 나갔다. 두 동생과 함께 앉아 백주를 따라 마시면서 큰 소리로 노래를 불렀다. 문득 기수沂水에서 목욕하는 흥취가 떠올랐다. 기수에서 목욕하는 흥취라는 것은 세상의 영광을 잊고 유유자적하는 삶을 말하는 것이다. 『논어』에 나오는 고사에서 비롯된 것으로, 공자가 몇몇

제자에게 각자가 가진 뜻을 말해 보라고 하였더니, 증점이 '늦은 봄에 봄옷이 만들어지면 관을 쓴 벗 대여섯 명과 아이들 예닐곱 명을 데리고 기수에 가서 목욕을 하고 기우제 드리는 무우에서 바람을 쐰 뒤에 노래하며 돌아오겠다.'라고 하자 공자가 감탄하였다는 데에서 나온 말이다. 김광계는 동네 앞 개울가의 반석에서 백주白酒를 마시면서 증점의 말을 가져와서 이렇게 말하였다.

> 인보仁甫와 강사江舍에서 매화를 감상하기로 약속하였는데, 권무경權茂卿 어른이 권신보權信甫와 함께 오고 회경晦卿도 왔다. 강사의 매화는 벌써 졌으나 붉은 복숭아꽃이 활짝 피었다. 각자 술병을 들고 와서 반석磐石에 벌여 앉아 눈을 이리저리 돌리며 심회를 터놓고 산가지를 놓으며 술을 마셨다. 얼마 있다가 달이 동산에 떠올라 달그림자가 강 물결에 비치니, 또한 인간 세상에 얻기 어려운 뛰어난 일이다. 밤이 깊어서야 자리를 마쳤다.
> 　　　　　　　　　　－『매원일기』 1631년 3월 14일

봄에 꽃을 구경하는 것은 이들에게 일 년을 기다리는 일이었다. 매화를 감상하기로 함께 약속하고, 때에 맞추어 모여 앉았다. 멀리

갈 것이 없었다. 집 앞으로 내려가면 낙동강이 흘렀고, 강을 끼고 지어둔 서재는 그대로 매화를 감상하기에 절묘한 곳이었다. 사람 사는 일이 어떻게 계획한 그대로 이루어지겠는가. 한순간 피었다가 져버린 꽃이 아쉽지만, 그 자리는 복숭아꽃이 활짝 피어 대신하였다. 각자 술을 가져와서 널따란 반석에 앉아 이야기를 나누는 동안에 떠오른 달이 강물에 비친 풍경은 인간 세상의 풍경이 아닌 듯하였다.

오천 마을은 낙동강을 바라보고 있다. 이곳에 광산김씨가 정착하기 이전부터 사람이 살고 있었다. 예안의 인문 지리서 『선성지』의 오천 항목에는

> 오천은 현의 남쪽 7리에 있다. 옛말에 전하기를 계류 양쪽으로 수풀이 아주 무성하여 항상 나무꾼과 목동들이 왕래하였으며, 고려 말에 황재라는 사람이 동구 밖 들판에 살았다고 한다.

라고 기록하였다. 오천 마을에 살기 시작한 김효로는 그의 조부인 김효지가 예안에 살았던 황재의 사위가 되면서 처가의 기반을 물려받았다. 김효로는 생원시험에 합격하고 더 이상 관직을 위한 시험

을 준비하지 않았다. 이후 그의 자손들에게도 이와 같은 처사의 삶을 지향하는 경향이 있었다. 오천 마을에 살았던 김효로의 둘째 아들 김유의 사람됨에 대해서는 이황의 묘갈명에서 볼 수 있다. 이황은 김유에 대해서 시와 서를 익혔고 소과에 합격하였지만 출세에 뜻을 펴지는 못한 사람이라고 하였다. 김유는 자족하면서 오천에 밭에 있고 집도 있으며 주방에는 진미가 가득 쌓여 있고, 독에는 술이 항상 가득하였으며, 제사하고 봉양하고 잔치하며 즐겁게 지냈다고 하였다. 이황의 말에서 김유와 오천 마을 사람들의 풍족하고도 여유 있는 일상이 그려지는 듯하다.

김광계의 선대에서 오천에 자리를 잡게 되는 데는 황재의 영향이 크게 작용하였다. 김효지는 황재의 사위가 되었는데, 자손이 없었다. 김효지와 아내 황씨 부부는 계후자와 수양녀, 시양녀에게 재산을 상속하였다. 김효로는 김효지의 형 김숭지金崇之의 손자였다. 김효지 부부는 형의 손자를 후계자로 삼아서 재산을 상속해 주었다.

> 성화成化 16년(1480, 성종 11) 경자庚子 11월 25일에 재산을 급여하는 일은 다음과 같다. 내가 경작하던 전답 등을 계후자繼後子, 수양收養한 자, 시양侍養한 자에게 "(원문 결락)" 나누어 준다. 계후자繼後子 생원生員 효로孝盧의 몫은 다

음과 같다. 기와집과 집에 포함되어 있는 밭 60부負 3속束, 오천원烏川員에 있는 밭 44부 1속, 선원先院에 있는 논 가운데 아래쪽 부분 69부, 우리암于里岩에 있는 논 26부, 주사主祀 월고개들[月古介員]에 있는 논 가운데 아래쪽 부분 37부 5속 이상을 모두 나누어 주니 자손에게 전하여 가지고 오래도록 경작하라. 나중에 다른 일이 생기거든, 이 문서 안의 내용으로써 관아에 고하여 변별할 것이다.

-『광산김씨오천고문서』, 한국정신문화연구원, 1980

김효로는 오천에 있는 기와집과 집에 딸려있는 밭, 그리고 오천에 있는 땅을 상속받았다. 이것으로 김효로는 오천 마을에서 생활할 수 있는 터전을 마련하였다. 멀리 낙동강이 보이는 곳에 자리한 오천 마을은 이제 김효로를 시작으로 김효로의 아들과 딸이 모여 살게 되었다.

침락서당枕洛書堂을 짓고

　김광계는 근시재를 비롯해 오천 마을의 여러 곳에 정자와 서재를 가지고 있었다. 모두 그의 선조가 지어 사용하던 곳이었다. 김광계의 아버지가 외아들이어서 큰아버지와 아버지의 기반을 모두 물려받았다. 김해의 장남 김광계는 오천 마을에 있는 아버지의 기반 위에서 생활하였다. 김광계의 세 누이는 혼인을 하고 주로 남편의 기반이 있는 곳으로 가서 생활하였다. 김광계 4형제 가운데 둘째는 혼인을 한 후에 오천 마을에 따로 집을 지어 생활하였고, 셋째와 넷째 동생은 각각 처가의 기반이 있는 예천과 의성으로 옮겨 가서 기반을 마련하였다.

　오천 마을에서 김광계의 여러 가옥 가운데 침락정은 김광계에게 특별한 공간이었다. 자신이 직접 지어 머물며 공부하던 곳이기 때문이었다. 음력 3월의 마지막 날 김광계는 가는 봄이 아쉬워서 친족들과 침락정에 모였다.

> 여희·자개 형 및 여러 사람과 함께 침락서당枕洛書堂에 모여 봄을 전송하였다. 종들을 시켜 그물을 쳐서 물고기를 잡게 하여 회를 쳐서 먹었다. 또 바위 벼랑에 철쭉이 흐드러지

게 피었는데, 여러 사람과 함께 그 가운데서 술잔을 나누며 꽃을 마주하여 물가에서 서로 이야기를 하고 시를 읊조리니, 또한 멋진 자리였다.

―『매원일기』 1614년 3월 30일

 김광계는 노복들을 시켜 그물을 치게 하고 물고기를 잡아오도록 하였다. 노복들이 잡아 온 물고기를 회를 쳐서 먹으면서 바위 벼랑을 바라보니 철쭉이 흐드러지게 피어 있었다. 모인 사람들과 술잔을 나누면서 시를 읊으며 봄을 전송하였다. '침락枕洛'이라는 이름은 김광계의 스승 정구鄭逑(1543~1620)가 지어주었다. 침락정은 오천 마을 앞에 낙동강을 바라보기 좋은 곳에 있었다. 훗날 침락정을 수리해서 고쳐 지을 때 중수기문을 지은 이만도李晩燾(1842~1910)는 침락정에 담긴 김광계의 이야기를 풀어 적었다. 이들이 보기에 낙동강을 바라보는 침락정과 이를 담은 오천 마을은 김광계의 성품을 담은 공간이었다.

 침락정이 낙성된 시기는 1608년(선조 41)이었다. 그리고 108년이 지난 1715년(숙종 41)에 김광계의 증손 김대金岱가 중수하였다. 중수할 때 규모는 북쪽으로 2칸의 방房이고 남쪽에는 4칸의 당堂이 있어 모두 6칸 규모였다. 그리고 다시 188년이 지난 1902년(광무

6)에 김광계의 10세손 김노헌金魯憲이 다시 중수하였다. 김노헌은 옛 건물에서 당의 남쪽에 방 2칸을 증설하여 모두 8칸으로 늘려 지었다. 그리고 김광계의 시를 걸어 놓았다.

경관은 사람을 낳고, 사람은 다시 그곳에서 이야기를 만들었다. 오천 마을과 침락정은 김광계의 심성을 담은 곳이었다. 오천 마을 앞에 흐르는 낙동강과 산의 형세는 김광계를 만든 요소들이었다. 낙동강은 멀리 강원도 황지에서 발원하였다. 물은 300리를 흘러 도산陶山 앞에 이르러 탁영담濯纓潭과 풍월담風月潭을 이루었다. 여기서 다시 굽이져 흐르다가 동쪽에서 동계東溪가 흘러 들어오고, 서쪽으로 꺾여 흘러가 비암鼻巖 북쪽에 이르러 역계驛溪와 합류한다. 비암은 김광계가 봄이며 가을에 나가 앉아 술 마시고 시를 짓던 곳이었다.

> 산줄기가 앞으로 나가자니 낙동강이 굽이굽이 둘러 있고, 물러서자니 오천과 번천이 뒤편을 감싸고 있어, 『주역』「감괘坎卦 육삼六三」의 효사爻辭에서 "오고 감이 험하고 험하며, 험함에 또 의지하였다來之坎坎 險且枕』."라고 한 형국이다. 그 꼭대기에 정자를 세웠으니 침락정이라 명명한 것이 또한 마땅하지 않겠는가. 침락정 북쪽은 물에 잠기고 가파르게

깎여서 오르기가 어렵기 때문에 오천 방면에서 오는 사람들은 뒷산을 넘어 남쪽 봉우리를 타고 들어간다. 남쪽 봉우리는 곧 산의 끄트머리 자락인데, 불룩하게 바위 봉우리를 맺고 있기 때문에 올라가서 조망하기에 딱 좋은 곳이다.

반타석盤陀石과 부용암芙蓉巖은 옛날에는 강 중앙에 있었는데 지금은 모두 모래 속에 묻혀 물 아래로 잠겼다. 미남산美南山, 오송산五松山, 두호산杜湖山 등 여러 산이 아스라이 꼭대기를 보이고 있다. 사계절의 풍경이 아침저녁으로 변하는 것은 말할 것도 없거니와 구름과 봉우리의 기이하고 수려함, 숲과 골짜기의 그윽하고 깊음, 내와 암석의 명결하고 아름다움은 본디 한결같이 변하지 않으니 참으로 시골 속의 별세계이다. 포선逋仙이 노닐었던 서호西湖와 광노狂奴가 은거했던 동강桐江에 비겨 본다면 어떨지 모르겠다. 우리 선조 퇴계께서는 일찍이 풍월담을 우리 고장의 제일가는 승경으로 꼽았는데, 이곳이 혹시 풍월담에 버금가지는 않을까.

— 『향산집』 권10, 「침락정중수기」

김광계의 침락정은 이만도가 보기에 고장에서 제일가는 승경을 자랑하던 풍월담에 버금가는 경관이었다. 침락정에서 김광계는 오는 봄을 맞이하고, 가는 봄을 전송하였다. 침락정에서 내려다보이는 낙동강은 멀리 강원도 황지에서 발원하였고, 300리를 흘러 도산에 다다랐다. 도산으로부터 아래로 분천과 월천 그리고 오천 마을이 연이어 자리하고 있었다. 낙동강은 농사에 물을 대기 편리하고, 배를 띄워 인근 동리를 오가는 데에 더없이 좋은 길이기도 하였다.

김광계가 침락정을 지은 것은 자신만의 공간에서 자신의 학문 세계를 만들어가기 위해서였다. 김광계의 일상은 공부하는 것으로 채워져 있었는데, 그런 일상의 시작이면서 이를 고스란히 담고 있는 그의 일기가 있다. 김광계의 일기는 그의 호를 붙여 『매원일기梅園日記』라고 한다. 김광계가 24세가 되던 1603년(선조 36) 1월 1일부터 1645년(인조 23) 9월 30일까지 43년 분량의 기록이 남아 있다.

김광계는 평생 공부하는 것을 일로 삼아 살았다. 김광계는 여덟 살에 『소학小學』을 읽을 때 부친이 "모친이 투기하니 내쫓아야 하지 않겠는가?" 하고 장난삼아 묻자, 무릎을 꿇고 앉아서 "삼년상을 함께 치렀으니 내보내면 안 된다."라고 답하였다고 한다. 또 계조모繼祖母가 준 고기를 아버지가 허락하지 않았다고 하여 사양하고 받지 않았다는 이야기가 전할 정도로 효성이 지극하였다고 한다. 김광계는 어려서 부모님을 모두 여의는 불운을 겪었다. 14세 때인 1593년 5월 25일에 어머니가 세상을 떠났고, 한 달 뒤인 6월 19일에 아버지가 세상을 떠났다. 어린 나이에도 불구하고 성인成人처럼 상을 잘 치렀다고 한다.

김광계가 학문적으로 크게 영향을 받은 사람은 박성朴惺(1549~1606)과 정구, 그리고 장현광이 있다. 김광계는 부모의 상을 치른 뒤에는 부친과 재종숙 김령金坽 등을 통해 접한 집안의 학문적 전통에 더하여, 증조부 김연의 외손자인 박성朴惺에게 수학하였다. 박성으로부터 궁리거경窮理居敬과 존양극치存養克治를 중심으로 하는 위기지학爲己之學의 근원을 배웠다. 그리고 나아가 정구鄭逑에게 『심경心經』에 대해 질문하며 공부하였고, 장현광張顯光에게 가서 공부하였다.

김광계는 평소에 산사山寺나 산재山齋 등에서 과거시험을 위한 공부를 하였다. 그런 가운데 광해군 시대를 경험하고 인조반정仁祖反正을 겪으면서 과거시험에 대한 기대와 희망을 버렸다. 그리고 낙동강이 내려다보이는 언덕의 침락정枕洛亭에서 성리학 공부에 집중하였다. 김광계는 평생 처사형處士形 선비로서 처신하였다. 바로 그 공간이 침락정이었다.

김광계는 뒤에 그의 학덕學德을 높이 평가한 감사 김시양이 추천하여 동몽교관童蒙教官으로 임명되었고 재랑齋郎과 별검別檢 등의 벼슬을 받았지만 모두 응하지 않았다. 그의 학식과 인품을 인정한 경상도 관찰사 이경여李敬輿가 그를 도훈장都訓長으로 삼아 『심경』과 사서를 강독하게 할 정도로 명성이 높았다. 김광계는 막내 여동생의 아들 이휘일李徽逸과 이복형제 이현일李玄逸을 포함하여 많은 후학에게 학문적인 영향을 주면서 교류하였다.

할머니의 뱃놀이

배는 강을 끼고 마을을 이루어 살고 있는 김광계에게 중요한 공간이었다. 이웃 마을로 갈 때 고개를 넘기보다 배를 타면 쉽고 빨리 이동할 수 있었다. 김광계는 평소에 집에 배를 만들어 두고 사용하였는데, 어느 해에 크게 홍수가 났고 배가 떠내려 가 버렸다. 김광계는 집안의 노복들에게 다시 배를 만들도록 하였다. 김광계 집안의 노복들은 며칠 동안 배를 만들었고, 어느덧 배가 완성되었다. 김광계는 새로 만든 배를 내어 강의 상류까지 거슬러 올라가 보았다.

> 새로 만든 배를 타고 한참동안 강을 거슬러 올라갔는데, 막걸리 한 병이 생각이 났으나 결국 구하지 못하였다. 날이 저물어 집에 당도하였다. 이날 제천 할머니 및 우리 할머니와 안음 숙모가 근시재에서 놀다가 돌아가는 길에 우리 집에 들렀는데, 술과 안주를 가지고 와서 나에게 보내 주어서 이건과 함께 매화나무 아래에 앉아서 먹었다.
>
> —『매원일기』 1607년 4월 2일

김광계는 새로 만든 배를 시험 삼아 띄워 보았다. 강의 상류까지 거슬러 올라갔다가 내려왔다. 시험 삼아 띄운 배였지만 배에 올라 있으니 막걸리 생각이 간절하였다. 그리고 며칠이 지났다. 오천 마을에 살고 있는 여러 친지들이 모이자 할머니께서 뱃놀이를 하고자 제안하셨다.

> 밥을 먹은 뒤에 제천 할머니가 우리 할머니 및 여러 부녀자들과 함께 강기슭에 걸어 나가 배를 타고 강 가운데로 나가서 하류로 내려가고 싶어 하였다. 그런데 마침 물이 얕아서 배가 갈 수 없었다. 그래서 강을 따라 걸어가서 열암列巖 집터에 앉았다. 나는 덕유 형, 사첨, 노산 재종조부, 이건 등과 함께 안암鞍巖에 앉아 종들에게 물고기를 잡게 하였는데, 쏘가리와 누치 예닐곱 마리를 잡아 회를 쳐서 할머니께 올렸다. 나는 여러 사람과 함께 반석盤石 위에 앉아 술을 예닐곱 잔 주고받았다. 그리고 집에 당도하니 날이 이미 어둑어둑하였다.
>
> —『매원일기』 1607년 4월 29일

할머니는 마을에 살고 있는 여러 숙모, 고모들과 함께 배를 타고 강 하류로 내려가 보고 싶다고 하셨다. 음력 4월 말이었고, 완연한 봄이었다. 할머니는 김부필의 아내이며 진주하씨 하취심河就深의 딸이었다. 김부필과 하씨 부부는 사이에 자녀가 없었다. 그런 가운데 김부필의 아우 김부의의 아내가 아들 김해를 낳고 7일 만에 세상을 떠났다. 하씨는 어린 김해를 길렀다. 그리고 김해가 혼인을 하였다. 아내 진성이씨와 김해는 네 아들과 세 딸을 두었다. 김해 부부는 전쟁이 한창때이던 1593년 5월과 6월에 연이어 세상을 떠났다. 김해의 어린 자녀 7남매는 혼자였던 김부필의 아내가 모두 길러 혼인을 시켰다. 김광계에게 할머니 하씨는 집안의 가장 어른이었고, 김광계 남매에게는 부모와도 같았다.

김광계는 할머니가 배를 타고 강 하류로 내려가고 싶어 하시니 열성을 다해 준비하였다. 얼른 낙동강으로 나가보니 물이 얕아서 도저히 배를 띄울 수가 없었다. 어쩔 수 없이 강가에 있었던 옛 집터로 할머니를 모셨고, 강가에 앉아서 강을 바라보며 아쉬움을 달래시도록 해 드렸다. 그리고 동네 젊은이들 몇몇과 함께 노복들을 시켜 물고기를 잡아 오도록 하였다. 쏘가리와 누치 등을 잡아 오자 회를 쳐서 할머니께 올렸다. 따스한 봄날에 낙동강에 배를 띄우고 바람을 맞으며 술 한잔을 하고 싶은 마음은 김광계의 할머니와 오천 마을의 부녀자들도 한결같이 바라는 바였다. 뱃놀이에 남녀노소가 따로 없었다.

신사임당, 황진이, 송덕봉, 허난설헌, 매창 등은 16세기에 활동하였던 여성 문인이다. 16세기 조선 사회는 유교적 이상주의를 실현하려는 사회적 분위기가 지배적이었다. 이 시기에 다수의 여성들이 문학 활동을 하였던 것은 당시에 대한 일반적인 인식에서 쉽게 납득하기 어려운 측면이 있다. 김광계의 할머니가 배를 띄우고 봄날의 경치를 감상하기 위해 뱃놀이를 기획하고, 마을의 여러 부녀들과 함께 술을 마시는 모습을 떠올려 보면, 16세기 여성 문인들의 활동을 이해할 수 있을 것이다.

그렇다면, 성리학이 사회를 지배하던 시기에 여성은 어떻게 규정되었는지가 궁금해진다. 유교적 가부장제에서 보이는 여성은 어떤 존재인가. 조선시대 혼인하는 것을 의미하는 말로 '장가를 든다'와 '시집을 간다'가 통용되었다. 우리 고유의 혼인 풍속은 조선 초기에 성리학을 수용하고 의례 절차에 이를 적용하면서 혼란의 시기를 맞았다. 조선 국가는 중국의 『가례』를 도입하여 그 절차대로 의례를 시행하고 사람들의 관계를 만들고자 하였다. 혼인에서 가장 큰 변화의 지점은 친영제親迎制였다. 친영제는 중국의 결혼 풍속이다. 즉, 남자의 집에서 혼례를 올리기 위해서 신랑이 신부의 집으로 가서 아내를 맞이해서 오는 절차가 친영례이다. 친영례를 통해서 혼례를 하면, 여자는 첫날부터 시집에서 생활을 해야 한다. 우리말로 표현

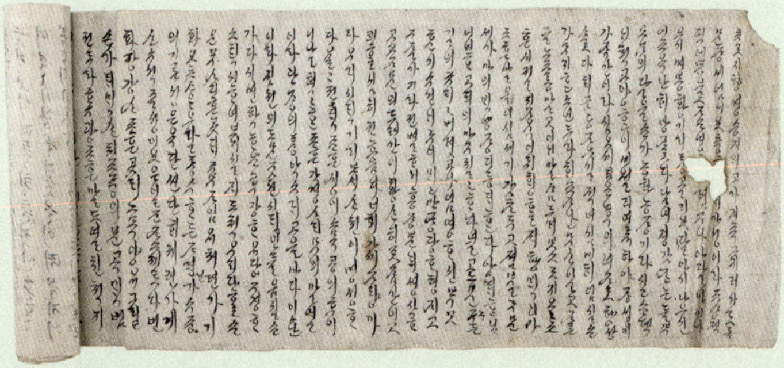

그림 4
봄철 안동 여성들의 꽃놀이를 노래한 가사이다. 여성들은 꽃놀이의 감흥을 가사로 기록하여 남겨 두었다. 국립한글박물관 소장, 국립한글박물관 아카이브에서 전재

하면 '시집을 간다'에 해당된다.

그러나 태종太宗 대부터 세종世宗 대까지 친영제 시행은 부진하였다. 세종은 친영제도가 쉽게 정착되기 어렵다는 것을 알고 왕실에서 먼저 친영제를 시행하여 사대부들에게 모범을 보인다면 사대부들이 따라서 할 것이라고 대책을 마련하였다. 세종의 시행 노력에도 불구하고 친영례는 사대부들 사이에서 정착하지 못하였다.

신부의 집에서 혼례를 하는 전래의 혼례 방식은 지속되었다. 혼례를 하고 신부가 처음으로 시집에 가는 것은 집안의 사정에 따라 차이가 컸다. 오천 마을에서 보면, 김광계의 여동생은 혼인을 하고 2년 반이 지난 후에 남편의 집에 처음으로 갔다. 이런 생활방식과

사고방식은 법 규정의 영향을 받은 측면도 있다.

조선시대 여성은 그들에게 상속된 토지와 가산家産을 이용해 자신의 권리를 적극적으로 행사할 수 있기 때문이다. 조선시대 여성들은 상속에서 남성과 동등한 법적 권리를 가지고 있었다. 여성이 혼인을 하더라도 부모로부터 상속을 받았으며, 제사 역시 딸이 역할을 분담하였다. 조선시대 재산 상속은 균분상속均分相續이 원칙이었다. 즉 조선시대 기본법 『경국대전』은 자녀의 균분상속제에 대해 자세히 기술하고 있다. 적처嫡妻의 소생은 아들과 딸이 모두에게 균등하게 상속하도록 하였다. 다만 그중에서 제사를 지내는 자식에 한해서 상속분의 5분의 1을 더하여 주도록 하였다.

이런 조선 사회의 현실은 사대부 여성의 일상에 반영되었다. 김광계의 할머니는 혼인을 하고 남편의 기반이 있는 오천 마을에서 생활하였다. 어디에서 지낼 것인지의 문제는 부부의 현실적인 사정을 고려하여 결정하였다. 김부필은 김연의 승중자였고, 차남 김부의 부부가 일찍 사망하면서 김부필 형제 부부 네 사람 가운데 김부필의 아내 하씨만 남게 되었다. 선대의 기반을 유지하고, 이를 승계하기 위해서 하씨는 유일한 권한을 가지고 있었다. 이런 하씨의 역할은 이른 봄날 뱃놀이를 기획하고, 손자들에게 술과 안주를 준비하도록 하였던 모습에 반영되었을 것이다.

청량산에 올라서

청량산은 김광계의 오천 마을에서 북쪽으로 하루거리에 있었다. 청량산은 이들에게 각별한 곳이었다. 청량산은 아버지와 할아버지의 자취가 있는 곳이었다. 청량산을 유람하는 일은 바로 선조와 선배 학자의 길을 되짚으며 그들의 자취를 찾아가는 일이었다. 풍기군수로 있던 주세붕은 청량산을 유람하고 여행을 기록하여 남긴 데서 청량산 유람 문화의 시작을 찾을 수 있다.

주세붕은 풍기군수로 있던 1544년 4월에 청량산을 유람하였다. 그 기록은 『무릉잡고武陵雜稿』에 수록되어 있다. 이 유람에서 주세붕은 청량산의 열두 봉우리에 각기 이름을 부여하였다. 그리고 이황을 비롯해 수많은 사대부들은 청량산을 유람하였고, 주세붕이 이름을 지은 열두 봉우리를 언급하였다.

조선시대 청량산을 유람하고 남긴 기록은 50여 편이 확인된다. 저술 시기 별로 보면 16세기 4편, 17세기 5편, 18세기 8편, 19세기 3편으로 18세기의 기록이 가장 많은 비중을 차지한다. 사대부들의 청량산 유람이 가장 활발한 시기가 18세기였다고 볼 수 있다. 주세붕은 청량산의 아름다움에 대하여

이 산은 그 둘레가 백 리도 못 되지만 봉우리가 층층이 쌓여서 깎아지른 절벽을 이고 있고, 안개 낀 수목은 그림 같으니 조물주가 따로 그 재주를 부린 것이라 할 만하다. (중략) 내가 생각하기에 우리나라의 여러 산 가운데 웅장함은 지리산만 한 것이 없고, 깨끗하고 빼어나기로는 금강산만 한 것이 없으나, 반듯하고 엄숙하며 탁 트인 경치에 이르러서는 비록 작기는 하지만 업신여기지 못할 것은 오직 청량산뿐이다.

−『무릉잡고』, 「유청량산록」

라고 하였다. 청량산이 이름을 얻게 된 것은 16세기부터이며, 주세붕을 시작으로 이현보李賢輔와 이황李滉 등 예안 사대부들의 역할이 그것에 크게 영향을 끼쳤다. 이현보는 예안이 낳은 가장 대표적인 인물로, 관직에 물러난 뒤 청량산 인근의 예안 분천汾川에 거주하면서 청량산을 유람하였고, 이후 후대 여행자들의 청량산을 유람하던 일정에는 대개 이현보의 흔적을 방문하는 것이 포함되었다.

무엇보다 청량산이 이름을 얻게 된 것은 이황의 역할 때문이었다. 이황은 숙부 이우李堣 때부터 청량산을 학습을 하는 장이자 수련장으로 활용하였다. 이런 집안의 분위기에서 이황은 어릴 때부터 숙부와 형을 따라 청량산을 오가며 공부하였다. 이황은 관직에 나아간 후에는 바쁜 생활 때문에 청량산을 자주 찾지는 못하였다. 그러나 항상 그리워하는 마음을 보이면서 자신을 청량산인淸凉山人이라고 말하였다. 이황이 벼슬에서 물러난 뒤에는 제자들과 함께 두 차례 청량산을 유람하였다. 그러면서 이황은 청량산을 집안의 산 혹은 나의 산이라는 의미에서 '오가산吾家山'이라 칭하였다. 이 때문에 후학들은 이황이 학문을 하던 자리에 오산당吾山堂을 세우고 오가산지吾家山誌를 편찬하기도 하였다. 이러한 인연으로 청량산은 이황과 동일시되어 그의 제자들과 그를 존경하는 사람들의 정신적 순례지가 되었다.

청량산을 유람한 기록을 남긴 20명의 사람들 가운데 허목, 이익, 권이진, 송환기, 성해응, 송병선 등 여섯 명을 제외한 14명이 예안과 안동을 중심으로 하는 경상도 북부 지역에 살고 있었다. 여행자들의 면면을 보면, 이황의 제자이자 집안사람이기도 하였던 권호문과 김득연, 신지제, 김중청, 김영조, 류진, 허목, 배유장, 권성구, 김도명 등이 이황의 제자들과 학연 또는 혈연으로 긴밀한 관계에 있었다. 지역적으로도 허목을 제외하면 모두 예안과 안동 근처에 거주하는 이들이었다.

이들이 청량산을 유람하는 이유는 분명하였다. 이황이라는 선현

그림 5

『오가산지吾家山誌』, 한국국학진흥원 소장

『오가산지』는 이만여李晩輿(1861~1904)가 이황李滉이 오가산吾家山이라 명명한 청량산에 관련된 시문을 모은 책이다. 『청량산지淸凉山誌』라고도 한다.

의 발자취를 따르기 위해서였다. 김중청은 '문순공文純公(이황)의 단정하고 중후하며 맑고 깨끗함은 실로 사람 가운데 청량산이다.'라고 이황과 청량산을 동일시하였다. 류진은 '묘향산이나 금강산과 달리 청량산은 선현이 유력遊歷하였던 곳이므로 꼭 가서 살펴보아야 한다.'라고 말하였다. 청량산을 찾는 목적은 이황의 행적을 따르고 본받기 위해서였다.

다른 이유는 공부가 매우 중요하게 작용하였다. 금강산을 찾는 사람들은 경치 감상이 주된 동기였고, 공부는 부수적인 것이었다. 청량산은 구경보다는 공부를 위해 방문하는 이가 많았다. 가장 대표적인 사람이 권호문權好文(1532~1587)이다. 권호문은 겨울철에 한 달 이상 청량산의 암자에 머물며 독서를 하였고 산에 오르며 사색을 하였다. 여기에도 이황의 영향이 크게 작용하였다. '산행을 하는 것처럼 독서도 해야 한다.'라고 말하여 산행과 독서를 중요한 수양방법으로 강조하였다. 이런 맥락에서 김광계는 청량산을 대면하며 생활하였다. 김광계에게 청량산은 스승의 자취이면서 일상 공간을 벗어나서 학문을 하는 공간이었다.

김광계는 1603년 24세가 되던 음력 3월 4일, 막냇동생 광악을 이끌고 청량산으로 출발하였다. 마을 앞의 낙동강을 가볍게 노를 저어 건넜고, 저녁 무렵에 절에 도착하였다. 김광계의 집에서 청량산은 하루 거리였다. 김광계와 광악이 청량산에 오고 며칠 후 둘째 광실도 왔다. 절에서 김광계는 동생들과 함께 며칠을 고요하게 조리하였다. 그러는 사이에 산에 온 지 열흘이 지나고 있었다.

새벽밥을 먹고 짚신을 신고 큰 지팡이를 짚고 절에 기거하는 중 몇 명과 함께 천천히 길을 나서서 몽상암에 당도하였다. 바위 벼랑이 깎아지른 듯 솟아있고 폭포가 쏟아지는데, 여러 중과 함께 너럭바위에 앉아 손을 씻고 양치질을 하니 답답한 갈증이 갑자기 사라지고 문득 기분이 맑고 시원해졌다. 몽상암을 거쳐 원효암에 도착해서 잠시 쉬고 다시 만월암에 도착하였다. 호를 지도知道라고 하는 암자의 주인 옥보玉寶가 지팡이를 짚고 나와서 맞이하였다. 대臺 위에 자리를 깔고 차를 마시면서 한참 동안 이야기를 나누었다. 이어서 상운암으로 가서 격자 창가에 조용히 누우니, 큰 골짜기에서 서늘한 바람이 불어와 역시 배고픔을 즐기고 근심을 떨쳐버릴 만했다. 날이 저녁때가 되어 지팡이를 짚고 길을 되돌아 김생이 폭포를 감상하였던 곳에 당도하였다. 이어서 대승사에 도착해서 거처를 잡았다.

─『매원일기』 1603년 3월 17일

이날은 새벽 일찍 밥을 먹고 청량산의 여러 암자를 둘러보러 길을 나섰다. 몽상암과 원효암, 만월암과 상운암을 두루 살펴보았다. 널찍한 대에 앉아 차를 마시며 이야기를 나누는 장면은 사대부라면 꿈꾸는 일이었다. 가만히 생각해 보니 이곳이라면 배고픔을 즐기고 근심을 떨쳐 버릴 만한 곳이 아닌가. 사대부의 일상에 이런 공간에서의 휴식은 이상을 현실에서 구현해 보는 좋은 시간이었다. 그리고 산에서 내려온 다음 날 한유韓愈(768~824)의 백이송伯夷頌을 읽었다. 한유는

저 백이와 숙제만은 옳다고 여기지 않았다. 은殷나라가

망한 뒤 온 천하가 주周나라를 받들었지만, 저 두 사람만은 주나라의 곡식 먹는 것을 부끄럽게 여겨 굶어 죽는 것도 돌아보지 않았다. 이로써 말한다면 어찌 구하는 것이 있어서 한 것이겠는가. 도道를 믿은 것이 독실하고 스스로를 앎이 밝았기 때문이다.

라고 하였다. 김광계가 청량산 상운암에서 배고픔을 즐기고 근심을 떨칠 만하다고 한 것은 백이송을 떠올려 자신을 그들에 비견하고 싶은 바람을 담은 것이었다. 자신도 앎에 독실하고자 공부하겠다고 다짐하였다. 김광계는 청량산의 여러 암자를 두루 살펴보고, 다시 칩거에 들어갔다. 한 차례 산을 둘러보고 돌아오고, 보름가량이 지난 4월 4일에 다시 청량산의 여러 암자를 둘러보았다. 두 번째 청량산 유람을 마치고 열흘가량이 지난 후에 둘째 동생 광실은 집으로 돌아갔다. 김광계는 4월 그믐날에 산에서 내려왔다. 그리고 다시 김광계의 동생들은 5월 27일부터 청량산으로 들어갔다.

김광계는 3월 4일부터 4월 30일까지 두 달 동안 청량산에 머물렀다. 동생들과 함께 갔고, 두 차례 청량산의 여러 암자를 둘러보았다. 나머지 시간은 학문과 자기 성찰의 시간으로 보냈다. 김광계의 오천 마을에서 청량산은 낮에 출발해서 저녁이면 도착할 거리였다.

일상의 공간이면서 일상에서 벗어난 공간이었다. 오천 마을에서 이황의 도산 서원은 이웃 마을이었다. 이곳 역시 매우 일상적인 학문의 공간이면서 삶의 터전이기도 하였다. 이런 곳에서 나고 자랐던 김광계에게 청량산은 스승의 공간이면서 삶의 터전이면서, 일상에서 조금 벗어나 자신을 성찰하는 공간이기도 하였다.

김광계는 청량산의 사회적·문화적 기반이 대를 이어가기를 바랐다. 김광계와 동생들이 청량사에서 공부하고, 요양하였고, 친구들이 유람을 하던 곳이었다. 물론 스승의 흔적이 남은 곳이었고, 자신들의 생활이 더해진 곳이었다. 김광계는 아들도 자신과 마찬가지로 청량산에서 공부하고, 심신을 가지런히 하기를 바랐다. 김광계는 이제 아들과 함께 청량산에 올랐다.

> 염謙과 함께 청량산淸凉山에 들어가려고 지나는 길에 예안 현감을 만나 보고, 도사 김만고金萬古를 산속 오두막으로 찾아가 보았으나 만나지를 못하였으며, 나부羅浮를 거쳐 청량산에 들어가니 날이 벌써 어둑어둑하였다. 회경晦卿과 맹견孟堅이 벌써 와 있었다. 연대蓮臺에서 잤다.
>
> —『매원일기』 1631년 4월 22일

이제 쉰을 넘긴 김광계는 아들과 함께 청량산으로 향하였다. 가는 길에 예안 수령을 만나서 잠시 인사를 나누고 올라가니 날이 이미 어두워지고 있었다. 다음 날 하루는 가만히 쉬었다. 그리고 그 다음 날부터『상서』를 외웠다. 밥을 먹은 뒤에 회경晦卿·맹견孟堅과 함께 진불봉眞佛峰의 여러 절을 거쳐서 백운암白雲菴에 갔다가 돌아왔다. 다음 날 오후에는 도산서원에서 사람이 오는 편에 술을 가지고 왔으니 한 잔 술을 마셨다. 그리고 다음날에는 맹견孟堅과 아들 염磏과 함께 금탑봉金塔峰의 여러 절을 유람하였고, 김생암金生庵과 문수암文殊庵을 거쳐서 다시 돌아왔다. 하루를 더 쉬고 28일에 아들을 절에 남겨두고 혼자 집으로 내려왔다. 아들은 며칠을 더 지내면서 젊은 시절 자신과 마찬가지로 글을 읽고 자신을 돌아보는 시간을 가지도록 하였다. 김광계는 아들과 함께 청량산에 올라서 오래 전 자신이 동생들과 함께 와서 여러 암자를 둘러보고 머물러 공부했던 것을 떠올렸다. 이들의 문화는 이렇게 일상을 함께 하는 가운데 자손에게 이어지게 되었다.

청량산과 도산서원은 이황의 학문 세계를 담은 공간이었다. 청량산에서 공부하며 자신을 돌아보았고, 서당에서 이것을 사람들과 함께 나누어 확대해 갔다. 도산서원은 이황의 학문이 사회적으로 확대되고 계승되는 데에 공간적인 역할을 하였다. 김광계는 모두 네 차례에 걸쳐 도산서원의 원장을 지냈다. 그가 이황의 학문을 잇고, 지역과 역사에 이를 확대해 가는 역할을 담당하였던 사람이라는 것을 보여주는 지점이다.

김광계는 1626년(인조 4) 도산서원의 원장[상유사]이 되었다. 두 번째는 1631년부터 1632년까지, 세 번째는 1635년, 마지막으로 네 번째는 1640년부터 1642년까지 원장의 직임을 수행하였다. 도산서원은 이황이 세상을 떠난 직후에 그를 주향으로 하여 1574년에 창건하였다. 도산서원을 운영하는 중심은 유사이다. 도산서원의 유사는 상유사와 재유사로 나뉘어져 있었다. 상유사를 상임, 재유사를 재임이라고도 하였다. 상유사가 바로 서원의 원장으로서 서원을 대표하는 존재였다.

도산서원에서 원장을 선임하는 데에 기준은 별도로 마련되어 있지 않았다. 하지만 영천의 이산서원의 원칙을 이황이 만들었던 것을 고려하면 이산서원의 원규에서 원장을 선임하는 기준과 유사할 것이라고 생각할 수 있다. 이산서원의 원규에서 서원의 원장은 다음과 같은 기준으로 선발하였다.

> 서원의 유사는 근처에 사는 청렴하고 재간 있는 품관 두 사람으로 정하고, 또 선비[儒士] 중에 사리를 알고 태도와 행

실[操行]이 있어서 여러 사람이 추앙하고 복종할 수 있는 사
람 하나를 골라서 상유사로 삼되 모두 2년마다 교체한다.

-『국역 퇴계집』, 잡저, 「이산원규」

서원의 원규에서 원장은 가급적이면 서원에서 가까운 곳에 사는 사람으로 하라는 점이 주목된다. 이황이 생각하는 서원은 주변에 살고 있는 사대부들이 일상의 연장에서 서원으로 나와서 공부하고, 심신을 수양하는 공간이 되어야 한다고 생각하였다. 당연히 일의 이치를 알고 태도와 행실이 여러 사람들이 추앙할 수 있는 사람이어야 하겠다. 적어도 김광계가 살았던 17세기 전반은 이제 막 서원으로 출범한 도산서원이 처음 만든 원칙들을 엄격하게 지키고자 노력하였던 시기라고 볼 수 있다.

도산서원은 이황의 장례가 끝나고 1572에 열린 도산서당 문도들의 모임에서 서원 건립에 대한 논의가 시작되었다. 이후 본격적으로 준비를 하였고, 1574년에 건물을 짓기 시작하였다. 1575년에 주요 건물들이 규모를 갖추고, 사액을 받게 되었다. 그리고 1576년에 사당[상덕사]에 이황의 위패를 봉안하고 제사를 지내게 되었다. 이 시기 서원의 원장은 1573년에 조목趙穆, 1574년에 금응협琴應夾, 1576년에 배삼익裵三益이었다. 이후 17세기에 도산서원의 원장은

오천 마을에 살고 있는 광산김씨가 36.8%로 가장 높은 비중을 차지하였다. 오천 마을의 광산김씨 가운데 도산서원의 원장을 지낸 이는 김기金圻, 김평金坪, 김령金坽, 김광계金光繼, 김확金確, 김광악金光岳, 김광수金光遂, 김확金礭, 김휘두金輝斗, 김휘세金輝世, 김총金聰, 김윤金玧, 김이金怡, 김화金燁이다. 이들 가운데 중복해서 역임한 경우가 다수이다. 그리고 이황 집안의 진성이씨가 28.9%를 차지하였다. 세 번째로 많은 경우는 봉화금씨가 15.8%를 차지하였다. 봉화금씨는 금응훈琴應壎, 금경琴憬, 금업琴㸓, 금개琴愷, 금호겸琴好謙, 금성휘琴聖徽이며, 금응훈은 오천 마을에 정착한 김효로의 외손자로 김광계와 깊은 유대가 있었다.

김광계가 도산서원의 원장을 네 차례나 역임한 것은 의미가 크다. 예안을 기반으로 운영되었던 초기 도산서원의 운영에서 중심적인 역할을 하였던 것이 오천 마을에 살았던 김광계의 선조들이었다. 그리고 당시는 물론이고 후대에도 도산서원을 중심으로 형성된 이황의 학문적인 정체성은 김광계와 같은 사대부를 낳았고, 다시 김광계는 아들과 조카, 손자로 이어지는 오천 마을을 이루는 데에 중요한 원리로 작용하였다. 그리고 김광계는 네 차례 도산서원의 원장을 역임하는 동안 행실과 태도가 여러 사람들에게 모범이 되었고, 학문으로 이들을 아우를 수 있는 사람으로 평가받았던 것을 알 수 있다.

3

연꽃 가득한 서재에 피어나는 거문고 소리

뜨거운 태양이 가득한 여름이었다. 몸 둘 곳은 시원한 강바람이 불어오는 정자였다. 김광계와 오천 마을의 사람들은 집안에 정자를 짓거나 생활하는 공간 인근에 별채를 지어 정사를 두기도 하였다. 정자에는 연못을 파고 연꽃을 심어 한 여름의 태양을 가득 담은 연꽃을 감상하였다.

오천 마을에 핀 군자의 꽃

김광계는 집안에 연못을 만들기 위해서 공사를 시작하였다. 1605년 3월에 시작한 공사는 두 해를 이어서 하였고, 1607년에서야 자신의 연못이 완성되었다. 그러자 김광계는 이웃에 있는 둘째 동생 김광실의 집에도 연못 공사를 시작하였다.

> 걸어서 이건 집에 갔다. 연못 파는 일을 구경하였다. 덕유·덕회 형이 와서 모였는데, 두 공을 이끌고 큰 집에 와서 잠시 이야기를 나누었다.
> —『매원일기』 1610년 7월 6일

김광계는 이즈음에 침락정을 새로 건설하여 자신만의 공간을 만들어 갔다. 그곳에 연못을 만들고 연꽃을 심으려고 계획하였다. 아름다운 정자를 둘러싸고 피어나는 연꽃은 한 여름 선비의 일상을 달래주는 소중한 벗이기도 하였다. 오천 마을에 살고 있는 금발琴撥(1573~1643)은 아름다운 연꽃이 가득한 서재를 가지고 있었다. 김광계는 금발의 서재에서 연꽃을 바라보기를 즐겨 하였다.

밥을 먹은 뒤에 제천 할아버지[금응훈]를 잠시 뵈었다. 저녁을 먹은 뒤에 자개 서당에 가서 자개를 만났다. 내성 재종숙도 왔다. 조금 있다가 실구름이 사방으로 걷히고 흰 달빛이 흘러내렸다. 세 사람이 연못 누각에 앉아서 회포를 풀고 글을 논하였는데, 역시 한 번의 멋진 풍경이었다.

─『매원일기』 1610년 7월 14일

금발의 서당은 연꽃이 아름답기로 이름이 있었다. 7월 여름날 밤에 일찍 저녁을 먹은 김광계는 금발의 서당으로 갔다. 흰 달빛이 가득한데 연못 위에 있는 누각에 앉아 있으니 이보다 나은 풍경이 있을 수 없었다. 여름밤에 활짝 피어난 연꽃을 감상하는 것은 사대부가 여름날을 기다리는 이유였다.

아침에 사당에 참례를 올리는 일로 집에 돌아왔다. 제사를 지낸 뒤에 제천 할아버지를 뵈러 갔다. 자개를 만나서 그길로 자개와 함께 자개의 서당에 갔다. 자개가 연못 가운데 초가 정자를 지었는데, 작은 난간의 그림자가 맑은 물결에 어른거리고 좌우에는 연꽃이 한창 피어나서 향기가 스며들었다. 참으로 아름다운 경치였다. 한적하고 외지며 고요하여 다 설명을 할 수 없다.

—『매원일기』 1614년 6월 15일

오후에 가서 자개子開를 만나 보았다. 연못 가득히 연꽃이 피어서 맑은 향기가 사람에게 스며들었다. 밤에 같이 자면서 조용히 이야기를 나누었다.

—『매원일기』 1619년 6월 24일

날이 저물었을 때 영천潁川 전씨全氏 아재가 취한 채로 잠깐 찾아오셨는데, 나와 같이 자개의 서당으로 가고자 하여 내가 마침내 뒤따라가 보니, 주서 재종숙도 오셨다. 술을 몇 순배 돌린 뒤 전씨 아재가 크게 취하여 먼저 떠나가고, 주서 재종숙도 뒤따라가셨다. 자개子開가 나를 끌어 연못 가운데 작은 단으로 들어갔는데, 달빛이 대낮처럼 밝고 연꽃향이 온몸을 감쌌다. 잔을 여러 순배 돌리고, 시를 한 수 지은 뒤에 헤어졌다.

—『매원일기』 1619년 7월 12일

금발의 서당은 연꽃이 아름다운 이름난 곳이었다. 금발의 서재는 연못을 만들고 연못 가운데 초가로 지은 정자를 두었으니 한 여름의 풍경이 얼마나 아름다울까. 연못에는 연꽃을 심어 정자에 앉아 있으면 사방으로 연꽃이 가득 핀 가운데 향기로운 향을 느낄 수 있었다. 김광계는 동생과 자주 자개의 서당으로 가서 연꽃을 즐겼다.

> 생원·정자 재종숙을 모시고 자개의 서당에서 이야기를 나누었다. 가을 물이 연못에 가득하고 연꽃이 예뻤다. 흥이 무르익을 즈음에 정자 재종숙이 또 거문고를 끌어당겨서 탔는데, 아양峨洋[1]의 곡을 연주하는 듯하였다. 얼마 있다가 고운 구름이 사방으로 걷히고 달이 동쪽 산봉우리에 솟아올랐다. 취한 가운데 훈훈한 이야기를 나누다 보니, 밤이 깊어 가는 줄도 몰랐다.
>
> —『매원일기』 1615년 8월 18일

음력 8월의 어느 날 연꽃이 가득한 자개의 정자에 모여 앉았다. 아름다운 연꽃이 가득한 정자에 앉아서 바라보려니 음악이 없을 수가 없었다. 거문고를 끌어당겨 한 곡을 연주하였다. 어느덧 가을 물이 연못에 가득하였고, 아직 남아 있는 연꽃이 더욱 아름다웠다. 술을 마시면서 흥을 느끼고, 거문고를 연주하였다. 이렇게 연꽃 가득한 정자 위에서 거문고를 듣자니 백아와 종자기의 이야기가 떠올랐다. 김광계는 자신의 일상을 그들에 비견하였다.

君子堂前君子花	군자의 마루 앞에 군자의 꽃이 피니
亭亭淨影蘸淸波	우뚝 솟은 맑은 그림자 물결에 잠길 듯
巖雲欲散微風動	바위 구름 흩으려고 산들바람 불어오니
香滿衣巾逸興多	그 향기 의관 가득 흥취 더욱 빼어나네
方塘一畝植連花	네모난 연못에 한 이랑 연꽃 심고
又築巖壇瞰綠波	바위 단을 쌓아놓고 푸른 물결 바라보네
我來正値淸香動	맑은 향내 진동하여 올 적마다 맡게 되니
未到池邊興已多	연못가에 닿기 전에 흥이 이미 가득하네

—『국역 오천세고』하권, 『매원유고梅園遺稿』권1,
「宿琴子開撥書堂看連花仍書示子開」

군자의 마루 앞에 핀 군자의 꽃이 연꽃이다. 연꽃은 군자의 꽃으로 알고 있다. 김광계와 오천 마을의 사대부들이 유독 연꽃을 좋아한 것은 주돈이周敦頤(1017~1073)와 닿아 있었다. 주돈이는 북송 시대 성리학의 기초를 닦은 학자이다. 자는 무숙茂叔이고 호는 염계濂溪라고 해서 주렴계로 불리웠다. 신유학新儒學, Neo-Confucianism의 형

그림 6

강세황, 〈향원익청〉,
간송미술문화재단 소장

3. 연꽃 가득한 서재에 피어나는 거문고 소리

이상학적 사유는 그로부터 시작하였다. 주돈이는 우주론을 논술한 「태극도설太極圖說」과 도덕론을 설명한 『통서通書』를 남겼다.

주돈이는 연꽃을 사랑하였다. 연못의 진흙 속에 핀 연꽃을 세태에서도 절조를 잃지 않고 청정함을 유지하고 있는 군자의 모습으로 설정하였다. 그는 애련설愛蓮說이라는 글을 통해 연꽃에 대해 예찬하였다. 주돈이가 연꽃을 사랑한 이유는 연꽃의 특성이 군자의 덕을 닮았기 때문이라고 하였다.

予獨愛蓮之, 出淤泥而不染 濯淸漣而不妖
나는 특히 연꽃을 사랑하니, 진흙에서 나왔으나 더럽지 않으며, 맑은 물결로 씻겼으나 요염하지 않다.

中通外直, 不蔓不枝, 香遠益淸, 亭亭淨植, 可遠觀而不可褻翫焉
가운데는 비어 있으면서도 겉은 곧으며, 덩굴 뻗지 않고 가지 치지 않으며, 향기는 멀리 갈수록 더욱 맑아지고, 오똑 서있는 모습이 정결하여 멀리서 볼 수는 있으나 함부로 가지고 놀 수는 없다.

그림 7
오천 마을의 탁청정이다.
연못에 연꽃을 심고 탁청정에서 즐기던 모습을 생각할 수 있다.

그림 8
탁청정 현판

그 군자는 남이 알아주지 않는다고 해서 절대 노여워하지 않는다. 정우당에 심은 연꽃은 이황이 지향하고 있는 군자의 모습이었다. 사실 주돈이 이전에는 연꽃은 불교의 상징을 보여주는 꽃으로 사랑을 받았다. 그러다가 주돈이에 의해 연꽃은 이학의 꽃으로 다시 태어났고 이황은 정우당이란 연못에 심었다. 도산서원이란 그의 이학 공간에 연꽃을 심어서 이학을 탐구하는 '이학군자理學君子'의 상징이 부여되었다. 주돈이의 학문과 생각을 닮고자 하였던 이들에게 연꽃은 주돈이를 상징하는 것이었다.

오천 마을에는 탁청정濯淸亭이라는 정자가 있다. 주돈이가 말한 맑은 물에 씻은 연꽃에서 따온 이름이었다. 김효로의 둘째 아들이고, 『수운잡방』은 김유가 지은 음식 조리서이다. 김유의 탁청정은 예안 일대에서 명승 가운데 하나로 소문이 자자하였다. 이현보는 탁청정에서

階下方池池上亭	계단 아래는 못이고 못 위는 정자인데
風傳欄檻嫩涼生	난간에 바람 불어 서늘한 기운이 이네
溪環谷互前山擁	시내 둘러 계곡과 앞산이 감싸고 있고
簷豁天低北斗傾	처마 넓어 하늘 아래 북두성이 기우네
坫上酒盈留客醉	대 위에 술상 차려 손님 붙들어 취하고

軒邊帿設聚隣爭	헌함 옆에 과녁 설치해 이웃 모아 다투네
多吾老退閒無事	다행히 늙어 물러나니 일없어 한가롭기에
邀輒來分一味淸	부르면 가서 한결같이 맑은 취미 나누네

―『농암집聾巖集』권1,「次濯淸亭 金綏之請賦」

라고 소감을 남겼다. 탁청정은 계단 아래로 못이 있고 그 못 위에 정자를 두었다. 난간에 기대어 불어오는 바람을 느껴 볼 수 있었다. 앞으로는 시내가 흐르고 앞에는 산이 감싸고 있는 곳에 자리하였다. 역시 음식 조리서를 남긴 김유와 오천 마을 사람들의 풍류는 술상에 가득 담겨 있었다. 은퇴하고 물러나 있는 처지에 자주 가겠다고 말하였다. 이현보가 글을 지어 탁청정에 인문학의 의미를 부여하였다. 거기에 이황이 탁청정에서 올라 감상을 남겼다.

山擁溪回抱一亭	산이 두르고 물이 돌아 정자를 감쌌는데
主人非是冷書生	정자의 주인은 냉정한 서생이 아니네
珍羞八百叱奴取	팔백의 진수성찬 하인 시켜 장만하여
美酒十千投轄傾	일만 동이 아름다운 술을 마시네
斫樹奇謀人未識	나무 찍는 기이한 꾀를 남들은 모르니
穿楊妙技客誰爭	버들잎 뚫는 신묘한 기술 어느 객이 다투리오

3. 연꽃 가득한 서재에 피어나는 거문고 소리

濯淸儘有風流在	탁청정에는 모든 풍류가 갖춰져 있고
竹簟氷肌到骨淸	대자리는 차고 얇아 뼛속까지 맑아지네
堪笑乾坤一草亭	우스워라 천지간의 한 채의 초가 정자
杜陵詩句我平生	두보의 시구를 나는 평생 음미했네
種來湖橘應成長	심어 놓은 호수의 귤은 응당 자랄 테고
留得囊錢任倒傾	남겨 놓은 주머니의 돈은 마음대로 쓰네
夢裏每尋溪友約	꿈속에서는 늘 시냇가 친구와의 약속을 찾았고
席間行見野人爭	자리에서는 행할 때마다 야인의 다툼을 보네
何當結屋淸泉上	어찌하면 맑은 시냇가에 집을 짓고서
不使君家獨占淸	그대에게 맑은 경치를 독점하지 않게 할까

—『퇴계집』외집 권1, 「寄題金綏之濯淸亭」

송나라 사람 증조曾慥는 '화중십우花中十友'에서 연꽃을 '깨끗한 벗'이라는 뜻으로 '정우淨友'라고 하였고, 이를 받아서 이황은 도산서원의 동쪽에 조그만 연못을 만들고 연꽃을 심었다. 연못의 이름은 '정우당淨友塘'이라고 하였다.

物物皆含妙一天	모든 사물이 온 하늘의 오묘함을 품었는데
濂溪何事獨君憐	염계가 어째서 연꽃만을 사랑하였겠는가

| 細思馨德眞難友 | 연꽃의 향기로운 덕 곰곰이 생각하니 실로 벗하기 어려운데 |
| 一淨稱呼恐亦偏 | 깨끗하다는 한가지로만 칭찬한다면 이 또한 치우친 듯하네 |

―『퇴계집』 권3, 『도산잡영陶山雜詠』, 「淨友塘」

이들에게 연꽃은 주돈이를 담은 상징이었다. 공부하는 곳에 연못을 두고 연꽃을 바라보는 것은 학문의 본질을 잊지 않고자 해서였다. 오천 마을의 김유는 탁청정을 지어 군자의 꽃을 자신으로 가져왔고, 이황은 정우당을 만들어 주돈이가 말한 군자의 꽃을 자신에게 담았다. 김광계는 할아버지와 아버지를 이어 오천 마을에서 태어나서 생활하였다. 아버지와 할아버지는 도산에서 이황과 더불어 학문을 논의하였고, 김광계가 나고 자란 일상의 공간은 이미 이황과 주돈이의 지향을 담아 만들어져 있었다.

적벽부와 기망既望의 뱃놀이

김광계가 살았던 오천 마을은 앞으로 낙동강의 지류를 끼고 있었다. 간혹 홍수가 나면 물이 넘쳐 논밭을 삼키기도 하였다. 그러나 대개는 농사에 필요한 물을 대기 좋고, 물고기를 잡고 풍류를 즐기기에 제격이었다. 오천 마을에 사는 사람들은 봄가을이면 으레 배를 띄워 꽃구경, 단풍 구경, 달구경을 하였다. 한여름 달밤에 더위를 잊는 데는 뱃놀이만 한 것이 없었다. 김광계는 친구들을 모아 배를 띄웠다.

> 여러 친구들과 달빛을 틈타 강에 뱃놀이를 하기로 약속하여 채낙이蔡樂而를 불러왔다. 조금 있다가 구경립具景立과 권윤權尹도 왔다. 강물을 따라 아래위로 가고 싶은 대로 갔는데, 밤이 깊어 만물이 고요하고 달은 맑은 강에 비쳤다. 술을 마시면서 매우 즐거워 뱃전을 두드리면서 노래를 불렀는데, 역시 멋진 경치였다.
>
> —『매원일기』 1605년 6월 10일

김광계는 배에 올라서 강물을 따라 흘러가는 대로 몸을 맡기고 있었다. 밤이 깊었고 만물이 고요한 가운데 달은 맑은 강을 비추었다.

술이 빠질 수 없었다. 술을 마시면서 뱃전을 두드리면서 노래를 불렀다. 안주는 강에서 잡아 올린 물고기회였다. 며칠 후에도 탁청정에서 회를 쳐 먹었다. 강에서 건져 올린 물고기로 회를 쳐 먹은 것이 이번 달에만 벌써 서너 번이 되었다.

> 새벽에 비가 내렸다. 아침에 제천 할아버지가 시사時祀를 지내고 사람을 보내어 부르기에 바로 가서 뵈었다. 밥을 먹은 뒤에 자개, 사첨, 광실, 김구와 함께 가을철 강가에 놀러 나갔다. 그물을 던져 고기를 잡아 얇게 저며 썰어서 술안주로 하였다. 조각배에 짧은 노를 저어 마음 내키는 대로 갔는데, 한 잔 술 한 곡조 노래에 즐거움이 그지없었다.
> —『매원일기』 1605년 8월 22일

여름이 한창이었다. 그러다 문득 가을인가 싶었다. 가을날이 좋았다. 시사를 지내고 나가보았더니 강가에 배를 준비해 두었다. 배에서 그물을 던져 잡아 올린 물고기로 술안주를 하면서 마음 내키는 대로 흘러갔다. 술 한 잔에 노래를 더하여 가을날 뱃놀이의 즐거움이 그지없었다. 음력 7월의 뱃놀이는 더위를 피하기에 더없이 좋았다. 그뿐이 아니었다. 기망의 뱃놀이는 지나칠 수 없는 문화였다.

밥을 먹은 뒤에 자개를 찾아갔다. 자개와 내성 재종숙과 함께 달빛을 받으며 강에서 배를 띄워 소선蘇仙이 적벽赤壁에서 노닌 놀이를 잇기로 약속했는데, 이날 검은 구름이 달을 가려 놀지 못하였다. 이것이 무슨 호사다마好事多魔란 말인가. 탄식하여 마지않았다.

—『매원일기』 1603년 7월 16일

김광계와 오천 마을의 사람들은 7월 16일에 뱃놀이를 하기로 약속하였다. 음력 7월 16일 기망이었다. 소선이 적벽에서 노닌 놀음은 중국 송宋나라 소식蘇軾이 신종神宗 5년(1082) 가을 음력 7월 열엿샛날 달밤에 손님들과 적벽 아래에서 뱃놀이한 것을 말한다. 이때 지은 글이 유명한 「적벽부赤壁賦」이다. 이미 기약하기를 거듭하였지만, 날씨가 마음 같지 않았다. 달빛을 받으며 배를 띄워야 하는데, 이날은 날이 흐려 구름이 달을 가려버렸다. 탄식하며 다음을 기약하였다.

김광계와 오천 마을 사람들은 음력 7월이면 적벽부를 떠올리면서 뱃놀이를 기획하였다. 집 앞 강에 배를 띄우고 소식이 적벽 아래에서 뱃놀이 하던 것을 떠올리며 시간을 보내려고 하였다. 기망에 배를 띄우고 적벽부를 노래하는 것은 낙동강을 앞에 두고 살고 있는 이들에게 더없이 좋은 나들이 기회였다.

1610년 7월 16일이었다. 이번에는 예안 현감과 함께 달밤에 배를 띄우기로 약속을 해 두었던 터였다. 오천 마을의 친족들과 예안 고을의 수령이 모두 모였는데, 비 내리는 기세가 그치지 않았다. 절대로 배를 탈 수 없는 형편이었다. 어쩔 수 없이 바로 관아로 들어갔다. 현감이 술자리를 마련하였는데, 모인 사람들이 각자 술을 들고 왔고 잔을 돌려 마셨다. 밤이 깊어서야 자리를 파하고 돌아왔다.

음력으로 7월 중순이었다. 계절이 바뀌고 있었다. 비가 내리는 경우가 많았기 때문에 기망의 뱃놀이는 항상 약속하지만 늘 순조롭게 이어지지 못하는 경우가 많았다. 그러던 어느 해였다.

> 종일 곤하게 누워 있었다. 여러 사람과 함께 7월 기망既望의 뱃놀이를 하였다. 노를 저어 강을 거슬러 올라가면서 술병을 기울여 어지럽게 술잔을 나누며 「적벽부赤壁賦」를 낭랑하게 읊었다. 또 사람을 보내어 덕여 형을 부르고 그물을 가져와서 고기를 잡게 하였는데, 농어 예닐곱 마리를 잡아 강기슭에서 나뭇가지로 불을 놓아 구워 먹었다. 인간 세상의 맛있는 음식이 이보다 더 나은 것이 없었다. 어두워지니 달빛이 더욱 밝았다. 밤이 깊어서 구름이 모이더니 잠깐 비가 내리고 바로 그쳤다. 마치고 집에 돌아올 때가 되니 동

쪽 하늘이 점차 밝아왔다.

—『매원일기』 1614년 7월 16일

김광계는 종일 곤하게 누워있었다. 그리고 저녁이 되어서야 일어나서 집을 나섰다. 오천 마을 친족들과 기망의 뱃놀이를 하기 위해서였다. 노를 저어 강을 거슬러 올라가면서 술병을 기울였고, 어지럽게 술잔을 나누어 마셨다. 적벽부가 빠질 수 없었다. 낭랑하게 적벽부를 읊어 보았다. 노복들을 시켜 물고기를 잡아 올렸다. 농어가 잡혀 올라왔다. 강기슭에 배를 대고 나뭇가지에 불을 놓아 농어를 구워 먹었다. 맛있는 음식이 많지만 이보다 더한 음식은 없다고 생각하였다. 이번 기망에도 잠깐 비가 내렸는데, 바로 그쳤다. 동쪽 하늘이 밝아 오는 것을 보면서 집으로 돌아왔다.

기망은 매달 음력 16일이다. 어찌 보면 매달 있는 날이고, 특별할 것이 조금도 없는 날이었다. 그런데 이날에 특별한 의미를 부여한 이가 소동파蘇東坡(1036~1101)이다. 북송의 말기에 살았던 문인 소동파는 1082년 귀양을 간 곳에서 「적벽부」를 지었다. 소동파는 음력 7월과 음력 10월에 「적벽부」를 지어 두 가지가 전하는데, 음력 7월 16일 기망에 지은 「적벽부」가 조선시대 사대부들 사이에 특별한 의미를 가지게 되었다. 평범한 음력 16일에 의미를 부여한 것이 바로 음력 7월 16일 소동파의 「적벽부」에서 비롯되었다.

임술지추壬戌之秋 칠월기망七月旣望에 적벽강赤壁江 배를 띄워 임기소지任其所之 노닐 적에 청풍淸風은 서래徐來하고 수파水波는 불흥不興이라. 술을 들어 객을 주며 청풍명월淸風明月 읊조리고 요조지장窈窕之章 노래할 제 이윽고 동산東山에 달이 돋아 두우간斗牛間에 배회徘徊하니 백로白露는 횡강橫江하고 수광水光은 접천接天이라. 가는 곳 배에 맡겨 만경창파萬頃蒼波 떠나가니 호호浩浩한 빈 천지天地에 바람 만난 저 돛대는 그칠 바를 몰라 있고 표표飄飄한 이내 몸은 우화등선羽化登仙되었세라. 취흥醉興이 도도陶陶하여 뱃전 치며 노래할 제 그 노래에 하였으되 계도혜란장桂棹兮蘭槳으로 격공명혜소류광擊空明兮泝流光이로다. 묘묘혜여회渺渺兮余懷여 망미인혜천일방望美人兮天一方이로다. 퉁소洞簫로 화답和答하니 그 소리 오오嗚嗚하여 여원如怨 여모如慕 여읍如泣 여소如訴 여음餘音이 요요嫋嫋하여 실같이 흐르나니 유학幽壑에 잠긴 어룡魚龍 흥에 겨워 춤을 추고 고주孤舟의 이부嫠婦들은 망부한亡夫恨을 못 이겨라. 초연愀然히 일어 앉아 옛일을 생각하니 만사萬事가 꿈이로다. (하략)

그림 9

〈적벽의 뱃놀이〉, 국립중앙박물관 소장, e뮤지엄에서 전재

소동파의 「적벽부」는 조선시대 여러 지역에서 즐겼다. 경기 지역에서는 한문 원본 그대로에 토만 달아서 송서誦書로 부르기도 하였고, 「적벽부」의 원문을 우리말식으로 재구성하여 가사를 새롭게 만든 서도 송서도 있는 것에서 알 수 있다. 그러나 송서라는 것은 말 그대로 서책을 읽는 듯이 소리하는 것을 말하는 것이라서 듣는 이와 읊는 이 모두 주로 사대부들이었다. 김광계와 오천 마을 사람들은 여름날 밤에 배를 띄우고 600년 전에 소동파가 읊었던 「적벽부」를 노래하면서 자연의 아름다움을 즐기고 인생의 무상함을 읊었다. 낙동강에서 기망에 뱃놀이를 즐기면서 일상에서 송나라를 대표하는 문인이자 관료였던 소동파에 견주었다.

뱃놀이와 사건 사고

꽃은 지고 날이 점점 더워져 갔다. 6월 보름날 저녁이었다. 동네 친지들과 배에서 보름달을 구경하려고 강가로 나갔다. 이날은 고을 수령도 와서 함께하였다. 물론 술이 빠질 수 없었다. 저녁을 먹은 뒤에 제천 할아버지와 생원 재종숙을 모시고 동네 앞에 있는 비암鼻巖으로 갔다. 가는 길에서 여희 형을 만나서 함께 비암으로 향하였다. 어느 사이에 소식이 전해졌는지, 예안 고을의 수령도 와서 자리를 하였다. 조용하게 동네 사람들과 한 잔 하려던 것이었는데, 자리가 너무 커져 버렸다.

그림 10

〈심사정 필 선유도〉, 국립중앙박물관 소장, e뮤지엄에서 전재

그러는 잠깐 사이에 좌수 재종숙과 이미보李美甫가 와서 비암 아래의 너럭바위에서 자리를 잡고 마주 앉았다. 모여 앉은 사람들은 어느덧 술잔을 나누었다. 이야기를 나누다 보니 이윽고 긴 여름 해가 기울어 햇빛은 잦아들었고, 모르는 사이에 보름달이 떠올라 온 세상이 모두 고요하고 물빛은 비단결과 같았다. 이미 술을 많이 마셨다. 배를 띄우기로 하였다. 가벼운 배에 짧은 노로 검푸른 강에 두둥실 떠서 배를 끌어 강물을 거슬러 올라갔다.

쌍벽정雙碧亭 터 아래에 이르러 또 홍취에 젖어서 강 가운데로 나가 아래로 내려가다가 뱃사공이 배를 잘 몰지 못하여 갑자기 배가 여울돌에 걸렸다. 배안의 사람들이 모두 놀라 움직였으나 제천 할아버지는 술이 많이 취하여 뱃전에 앉아 있다가 생각할 겨를도 없이 물에 빠졌다. 온 좌중이 당황하여 나가서 구하고 보니 의관이 모두 젖었으나 물이 얕고 큰 돌이 없어서 별로 다친 곳은 없었다. 제천 할아버지의 젖은 옷을 벗기고 다투어 자기네들 옷을 벗어서 입히고는 모시고 집에 당도하니 닭이 이미 운 뒤였다.

—『매원일기』 1607년 6월 15일

갑자기 배를 띄웠고, 마땅한 사공이 없어서 익숙하지 않은 이에게 노를 젓게 하였다. 비암에서 배를 타고 거슬러 올라가서 강 가장자리를 따라 조심해서 올라갔다. 비암에서부터 술을 마시면서 배에 올랐고, 쌍벽정 터에 이를 무렵까지 이어졌다. 한참을 올라가는 사이에 흥에 취하였고, 돌아 내려가는 길에는 모르는 사이에 배가 강 가운데로 나아가게 되었다. 뱃길에 익숙하지 않은 뱃사공이 떠들썩한 사람들 틈에 갈팡질팡하다가 배가 여울돌에 걸려버렸다.

순식간의 일이었다. 배 안의 사람들이 모두 놀라서 움직였는데, 술에 흠뻑 취한 제천 할아버지는 미처 균형을 잡지 못하고 그만 물에 빠져버렸다. 오후 내내 술을 마셔 취해있던 여러 사람들은 당황해서 어쩔 줄 몰랐고, 겨우 할아버지를 물에서 건져 올렸다. 다행스럽게도 물은 얕았고, 큰 돌이 없어서 다치지 않았다. 서둘러 할아버지의 옷을 벗기고 옷을 벗어 입히고 돌아왔다. 그러는 사이에 시간이 흘러 집에 도착하였더니 닭이 운 뒤였다.

아침에 일어났더니 숙취가 심하였다. 머리가 아프고 몸은 노곤하였다. 약속이 있어서 일어나지 않을 수 없어서 겨우 몸을 일으켰다. 어제 물에 빠진 할아버지가 걱정되어서 나가는 길에 잠시 찾아뵈었다. 다행히 할아버지는 무탈하셨다. 김광계는 하루 종일 머리가 무겁고 속이 불편하다가 오후가 되어서야 조금 술이 깨는 것 같았다.

집으로 돌아오는 길에 할아버지께 다시 들러 보았더니, 아무 일이 없는 듯하였다.

배는 그들이 일상적으로 이용하였고, 계절을 즐기기 위해서도 자주 이용하였다. 그렇지만 배는 위험하기 때문에 항상 조심해야만 하였다. 이번 뱃놀이는 할아버지께서 물에 빠지는 소동이 있었지만, 그 덕분에 뱃놀이에 대해 더욱 풍성한 이야기가 집안에서 오래도록 남아 사람들의 기억에 남을 수 있게 되었다.

4

진한 가을 향기 머금은 황국화주

예안의 가을 풍경

霜落天空鷹隼豪	서리 내려 하늘 비고 매는 한창 호기 나고
水邊巖際一堂高	물가의 바위 끝에 서당 하나 높구나
近來三徑殊牢落	요즘 와서 삼경이 유난히도 쓸쓸하여
手把黃花坐憶陶	국화를 쥐고 앉아 도연명을 생각하네
秋堂眺望與誰娛	가을 서당 조망을 뉘와 함께 즐길꼬
夕照楓林勝畫圖	단풍 숲에 석양 드니 그림보다 낫구나
忽有西風吹雁過	갑자기 서쪽 바람 지나가는 기러기에게 부는데
故人書信寄來無	옛 친구는 편지를 보내 올란가 안 올란가

―『퇴계집』 권4, 「山居四時各四吟 共十六絶」

    이황은 서리가 내려앉기 시작하는 들판을 바라보면서 감상에 젖어 들었다. 낙동강 가에 지은 서당에서 바라본 하늘은 성큼 높아져 있었다. 단풍 숲에 석양이 드리워 물든 것을 바라보니 한 폭의 그림보다 나았다. 풍경은 너무나 아름다운데, 문득 알지 못할 그리움이 스쳐 지나가는 듯도 하였다. 이황이 서당에 앉아서 바라본 하늘과 들은 시간이 50여 년이 지난 후에 김광계가 바라보았던 바로 그것이었다. 모진 전쟁이 삶의 터전을 상하게 하였지만, 하늘과 들은 다시 예전의 모습을 찾고 있었다.

뜨거운 여름이 지나가는 듯하였다. 여름이 뜨거운 만큼 가을은 풍요로웠다. 김광계는 가을맞이에 분주하였다. 추수하고 선조의 분묘를 둘러보는 일상을 보내기에 바빠지기 시작하였다. 그런 가을의 단풍은 아름다웠고, 향기로운 국화도 기다려지는 일이었다. 이는 김광계만의 기분은 아니었다. 할머니를 비롯해 집안사람들 모두 설레며 가을을 맞이하였다. 김광계와 주변 사람들에게 가을에 청량산은 유람하기 좋은 곳이었다.

> 집에 와서 들으니, 판사·생원·주서 재종숙이 권인보權仁甫 등 여러 사람과 함께 청량산으로 놀러 갔다고 한다.
> ―『매원일기』 1616년 9월 3일

> 밥을 먹은 뒤에 김 진사 형을 탁청정濯淸亭에서 만나 보고 숙경叔京과 주서 재종숙을 만나 보았는데, 자개子開·김참金墋은 청량산에 놀러 갔다고 한다. 김 진사 형과 함께 들어가 사수士修 형을 만나 보았는데, 여희汝熙 형·이실而實도 와서 같이 이야기를 나누었다.
> ―『매원일기』 1619년 10월 6일

60대에 들어선 김광계는 다시 청량산을 유람하기로 결심하였다. 힘이 들었지만, 마음은 예전 그대로였다. 며칠 몸을 조리해서 길을 나섰다.

> 어제 조용히 조리하여 몸이 회복되었기에 청량산淸凉山을 유람하러 가기로 작정하고, 이직과 작별하고 퇴현退峴을 넘었다. 골이 매우 깊고 냇물과 바위는 맑고 깨끗하며, 양쪽 언덕의 단풍은 비단을 쌓은 듯하였다. 금탑봉金塔峯을 지나 연대사蓮臺寺에 당도하여 돌아보며 오랫동안 즐거워하니 '일천 바위는 빼어남을 다투고 일만 골짜기는 물 흐름을 다툰다千巖競秀 萬壑爭流.'라는 말이 헛된 것이 아니었다. 조용히 선방에 누웠으니 뼛골은 서늘하고 정신은 맑았다. 9월 3일 새벽밥을 먹고 중 두세 사람과 함께 반야대般若臺와 치원대致遠臺에 올랐다. 치원암致遠庵과 극일암克日庵을 거쳐 풍혈대風穴臺·석루石樓·안중암安中庵·상청량암上淸凉庵·하청량암下淸凉庵에 올랐는데, 길이 다하였기에 또 지나온 길을 밟아 치원대에서 잠깐 쉬었다. 총명수聰明水를 마시고 김생암金生菴에 들렀다. 벼랑길을 지나 대승암大升庵·문수암文殊庵·보현암普賢庵·중대中臺를 보고, 만월암萬月庵과 백운암白

雲庵을 가 보려다가 날이 저물고 몸도 피로하여 가지 못하
였다. 지팡이를 짚고 돌아왔는데, 여러 봉우리와 여러 절
의 경치가 이전에 본 것보다 더욱 뛰어났다. 9월 4일 아침
에 짐을 꾸려 나서려다가 이직以直이 갑자기 와 만류하여
서 떠나지 못하였다. 정술보鄭述甫가 김여한金汝翰과 이홍준
李弘俊 및 나이 어린 사람 두 명과 함께 와서 잤다.『상서』를
외웠다.

-『매원일기』 1643년 9월 2일

그 사이에 여러 번 다녀간 청량산이었지만, 나이 때문인지 힘들
었다. 지팡이를 짚고 둘러본 경치는 그 이전에 본 것과 비교해서 더
욱 아름다웠다. 욕심을 내서 만월암과 백운암에 가려고 하였지만,
동생이 극력 만류해서 어쩔 수 없이 다음날 산을 내려왔다. 오래전
20대의 김광계는 하루에 다 둘러보던 곳이었다. 산에 올라서도 글
외우기를 쉬지 않았다. 이것 역시 예전 그대로였다.

가을은 단풍을 즐기기 좋은 계절이었다. 김광계는 도산서원으로
갔다. 세 동생과 김응조金應祖(1587~1667)가 동행하였다.

자개子開·이실而實·효징孝徵·이도以道·이직以直이 말고삐를

나란히 하고 강을 따라 가는데, 양쪽 강 언덕의 단풍잎이 정말로 울긋불긋하여 사랑할 만하였다. 오담鰲潭에 배를 띄우고 술을 마시며 오르내리다가 서원 재사에 들어가서 잤다. 8월 21일 술을 마시며 이야기를 나누었다. 날이 저물어 여러 벗과 함께 강을 건너 애일당愛日堂에 오르니 해가 이미 졌다. 회길會吉도 나와서 만났고, 또 술독을 열어 같이 이야기를 나누다 보니 달이 고개 위로 떠서 강물에 비치는 줄도 몰랐는데, 시각은 밤중이 다 되어 간다. 도산서원으로 가서 잤다. 8월 22일 여러 벗이 각자 시 두세 편을 지었다. 이직이 먼저 떠났다. 저녁에 여러 사람과 함께 단사협丹砂峽으로 가서 유람하였는데, 석벽은 깎아지른 듯 높이가 천 길이고 둘레는 몇 리나 되며, 그 아래는 맑은 담潭이 바닥까지 투명한데 단풍나무가 거꾸로 비치어 그 속의 승경을 이루 다 묘사할 수가 없다. 저녁에 도산서원으로 돌아와서 잤다.

—『매원일기』 1638년 8월 20일

8월 말이었다. 오천 마을에서 북쪽으로 도산서원까지 단풍이 아름답게 물들어 있었다. 김광계와 형제들은 도산서원의 시사에 맞추어 서원으로 갔다. 집에서 이웃하고 있었지만, 새로운 풍경이 마음을 설레게 하였다. 김광계의 가을은 형제들과 함께 곱게 물든 단풍을 감상하면서 도산서원의 시사에 참여하는 시절이었다.

시사時祀를 지내며 계절을 느끼고

주희의 『가례』에 제례는 사시제·초조제·선조제·녜제·기일제·묘제로 구성되어 있다. 이 가운데 초조와 선조는 처음부터 사대부의 신분을 넘어선 제례라고 배제되어서 사실상 『가례』의 제례는 사시제와 기일제, 그리고 묘제로 이루어져 있었다. 여기서 당시에 통용되던 것은 묘제뿐이었고, 사시제와 기일제는 주자가 고안한 항목이었다.

『가례』는 조선 초부터 의례의 근본을 원리가 되었고, 국가와 사대부는 이를 기본으로 각각의 사회적 지위에 걸맞은 절차를 시행하도록 하였다. 그러나 『가례』의 원리는 처음부터 조선에 그대로 적용하기 어려운 부분이 다수 있었다. 근본적인 문제는 『가례』를 설계하였던 남송 주희의 시대와 조선에서 집안[家]의 범위와 구성원의 관계가 차이가 있었기 때문이었다. 이런 이유에서 혼례를 비롯해 제사와 상례에서도 『가례』의 절차는 어느 정도의 응용이 필요하였다.

제사의 항목을 두고 보자면, 조선에서는 사시제가 거의 제대로 시행되지 않았다. 사시제는 예 가운데 '정례'이자 가장 중요한 예라고 인식하고 있었음에도 불구하고 제대로 시행하지 못하였던 이유는 예를 함께 시행해야 하는 '가'의 범위가 중국과 조선에서 같지 않았기 때문이었다. 그러니 제사를 지내는 데에 들어가는 비용 부담이 적지 않았다. 제사의 횟수가 증가할수록 일족이 회합하는 횟수도 증가하여 구성원들의 관계가 긴밀해질 수 있는 이점이 있지만 경제적 부담은 적지 않았다. 김장생金長生(1548~1631)은

> 사명일 묘제는 참으로 지나친 것을 알겠네. 율곡은 한식과 추석에는 성대한 제사를 지내고 정조와 단오에는 간략하게 지내고자 하였는데 그 뜻이 좋은 듯하다.
> 지금 영남 사람들은 단지 한식 및 10월에만 (묘제를) 지낸다고 한다.
>
> —『의례문해』,「제례」묘제

라고 하였다. 김장생은 이이의 말을 인용해서『가례』의 제례를 활용해서 현실에서 시행할 수 있는 제사의 범위를 간추려서 한식과 추석에는 성대하게 제사를 지내고 새해와 단오는 간략하게 지내는 것이 좋다고 제시하였다. 게다가 지금 영남 사람들은 한식과 10월에만 묘제를 지내는 분위기라고도 하였다. 대체로 김광계의 사정을 보면 김장생이 설명한 것과 같이 이해할 수 있다. 조선시대 사대부들은『가례』의 항목을 각자의 사정에 맞게 활용하였으며, 그 방식에서도 호서와 영남은 차이를 확인할 수 있다.

김광계와 오천 마을 사람들은 동네 친족들이 모여서 시사를 지냈다. 매년 사정에 따라 차이가 있었는데, 2월, 5월, 8월, 11월에 시사를 지냈다.

> 내일 좌수 댁에서 시사時祀를 지내는 일 때문에 재사에 가서 잤다.
> ―『매원일기』 1605년 5월 6일

> 시사時祀를 지냈다.
> ―『매원일기』 1610년 2월 11일

> 이건以健 집에 가서 잤는데, 내일 시사時祀를 지낼 것이기 때문이다.
> ―『매원일기』 1615년 8월 16일

> 내일 시사를 지내려고 하여 동네 친지들이 다 나가고, 오직 판사 재종숙·덕우德優·이실而實·노산蘆山 재종조부만이 와서 잤다.
> ―『매원일기』 1616년 11월 9일

주서 재종숙·덕여德輿 형·김참金墋이 와서 재계하면서 잤다. 내일 시사時祀를 지낼 것이기 때문이다. 11월 26일 시사時事를 지냈다. 11월 28일 이건以健 집에서 시사時祀를 지냈으나 병이 있어 참석할 수가 없었다.

-『매원일기』 1617년 5월 21일

시사時祀를 지냈다.

-『매원일기』 1619년 11월 28일

내일 시사時祀를 지낼 것이어서 아우들과 함께 재계하였다. 김광철金光鐵·요립耀立·김전金磌이 와서 재계하면서 잤다. 8월 16일 시사時祀를 지냈다.

-『매원일기』 1626년 5월 5일

새벽에 비가 갰다. 제사를 지냈다. 밥을 먹은 뒤에 또 조카들과 함께 명암동鳴巖洞 새 산소에 가서 성묘하고 저녁에 돌아왔다.

-『매원일기』 1628년 8월 15일

시사時祀를 지냈다. 아우 조카들이 제사를 돕고, 동네 친
지들은 모두 연고가 있어서 참석하지 않았다.

-『매원일기』 1631년 5월 6일

김광계는 네 차례의 시제, 즉 사시제를 지냈다. 다만 시사는 전염병이 유행하거나, 집안에 상례가 있으면 지내지 않았기 때문에 네 차례를 모두 챙겨 지내기가 오히려 어려운 일이었다. 김광계의 일기에서 보면, 대체로 2월의 청명과 한식을 즈음하여 시제를 지냈고, 5월에는 단오에 맞추어 시제를 지냈다. 8월에는 추석에 맞추어 산소에 성묘를 하였고, 11월에도 시제를 지냈다. 대체로 8월과 11월에 묘제와 시제는 가을에 들어서 추수하고, 겨울을 준비하는 길목에 있다는 것을 느끼게 하는 일이었다.

오천 마을에서 시제는 친족들이 분담해서 준비하였다. 김광계의 집에서 주관해서 지내는 경우가 있었고, 동생의 집에서 준비해서 지내는 경우도 있었다. 참석하는 사람들은 하루 전날 모여서 재계를 하였고, 사정이 있으면 참석하지 않았다. 대체로 일 년에 네 차례 절기에 맞추어 성묘를 하거나 시제를 지내는 것으로 계절을 느끼고, 함께 모인 친족들은 준비한 술과 제사 음식을 나누어 먹었다. 조선시대 사대부들에게 제사는 친족들이 모이고 서로의 관계

를 확인하는 회합의 마당으로 기능하였다. 특히 계절 제사와 묘제는 그 자체로 회합의 계기이면서 가까운 산과 재사에 나들이하는 형식이었다.

황국화주를 마시며

가을은 국화의 계절이다. 가을을 기다리며 국화를 옮겨 심고, 술이 익기를 기다리는 마음은 조선시대 사대부들에게는 특별한 의미를 가졌다. 나라에 도가 있으면 나아가 벼슬하지만, 나라에 도가 없으면 뜻을 거두고 물러나 은거하는 것을 지향하였다. 국화는 사대부가 은거하려는 마음의 의미를 담은 꽃이기도 하였다.

故人東籬菊	옛 사람 동리의 국화
移來倚石墻	옮겨다 돌담 옆에 심었네
佇待村醪熟	가만히 마을에 막걸리 익기를 기다렸다가
秋英泛滿觴	가을 꽃 술잔에 가득 띄우리.

—『송자대전』 권2, 「移栽洪元九菊叢」, 甲寅(1674년)

송시열은 도연명을 떠올리며 돌담 옆에 국화를 심어 두었다. 가만히 술이 익기를 기다렸다가 국화꽃을 따다 술잔에 띄워 마시고 싶었다. 가을 국화가 가득 피었을 때, 빠질 수 없는 것이 바로 국화주였다. 음력 9월 9일 중양절에는 국화주를 마시며 가을 정취를 즐겼다. 김광계의 집안에는 국화주를 담그는 비법이 전해 내려온다.

황국화 중에 향기가 좋고 맛이 단 것을 골라 따서 햇볕에 말린다. 청주 1말 당 국화 송이 3냥씩을 생명주 주머니에 담아 술 표면에서 대략 손가락 하나 높이에 달고 독 입구를 단단히 봉한다. 하룻밤이 지나 꽃을 들어내면, 술맛이 향기롭고 달다. 향기가 있는 모든 꽃은 이와 같이 할 수 있다.

─『수운잡방』 하편,「황국화주법」

국화를 비롯해 모든 꽃은 술을 담글 수 있다고 하였다. 김광계의 오천 마을에는 선대로부터 내려오는 음식조리서가 있었다. 바로 그 『수운잡방需雲雜方』에 꽃으로 술을 만드는 방법은 여러 가지가 있다. 그 가운데 하나가 바로 황국화로 만든 황국화주이다.

오천 마을 사람들이 만든 국화주는 특별한 점이 있었다. 우선 국화는 말린 국화를 사용한다. 말린 국화는 집안에서 가지고 있던 청주에 넣어 국화주를 만들었다. 국화를 청주의 항아리에 하루 넣어 두는데, 국화를 술에 담그는 것이 아니었다. 독 안에 든 술에 국화가 닿지 않도록 실로 묶어 두고, 국화의 꽃향기가 스며들 수 있도록 밀봉해 두는 방식이었다.

『수운잡방』은 오천 마을에 살았던 김유金綏(1491~1555)가 저

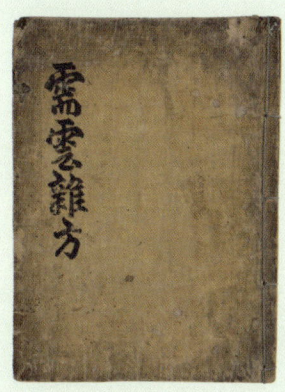

그림 11
『수운잡방需雲雜方』,
한국국학진흥원 소장, 광산김씨 설월당종가 기탁
황국화주의 제조법이 수록되어 있다.

술한 음식조리서이다. 김유는 오천 마을에 정착한 김효로의 둘째 아들이었다. 『수운잡방』은 김유의 셋째 아들 김부륜金富倫(1531~1598)의 후손이 약 450년을 보관해 왔다. 필사본의 책에서 표제는 '탁청공유묵濯淸公遺墨'이라 적혀있고, 상편과 하편의 필체는 다르다. 학계에서는 상편은 김유의 저술이고, 하편은 필자가 다르다고 보고 있다. 하편은 첫 장에 '계암선조유묵溪巖先祖遺墨'이라고 되어 있는데, 계암은 김유의 셋째 아들 김부륜의 아들 김령金坽(1577~1641)을 가리킨다. 김유가 저술을 한 내용을 기본으로 하고, 6~70년 후에 김령이 하편을 추가한 것으로 보인다.

『수운잡방』은 상·하 두 권으로 구성되어 있고, 두 권에서 소개하는 음식은 모두 122항목이다. 책에는 총 114종의 음식 조리 및 관련

내용을 수록하였다. 항목을 분류하면 주류酒類 57종, 식초류 6종, 채소 절임 및 침채沈菜(김치류) 14종, 장류醬類 9종, 조과造菓 및 당류糖類 5종, 찬물류 6종, 탕류 6종, 두부 1종, 타락駝酪(우유) 1종, 면류 2종, 채소와 과일의 파종 및 저장법 7종이다. 여기서 술을 만드는 항목이 절반을 차지하며, 전체 항목 가운데 가장 많다. 이 책을 통해서 지금으로부터 500여 년 전 오천 마을에 살았던 광산김씨와 그 집안사람들의 음식생활 문화를 알 수 있다.

김유는 1491년(성종 22)에 경상도 예안현 오천 마을에서 태어났다. 그리고 1555년(명종 10) 65세의 나이로 세상을 떠났다. 김유는 자가 유지綏之이고, 호가 탁청정이다. 김유는 아버지 김효로金孝盧(1454~1534)와 어머니 양성이씨 사이의 2남 2녀 중 차남으로 태어났다. 그리고 1508년(중종 3) 순천김씨(1492~1542)와 혼인하였다. 김유와 순천김씨 부부는 세 아들[富仁, 富信, 富倫]과 두 딸[李憑, 李慶梁]을 두었다.

광산김씨가 처음 안동의 풍산으로 이주하고, 다시 예안으로 옮겨가서 오천에 정착하게 된 것은 김유의 고조 김무金務가 안동김씨와 혼인을 한 것이 계기가 되었다. 또 예안현 오천리가 광산김씨의 새로운 거주 기반이 된 것은 김무의 아들 김효지金孝之가 오천에 살았던 황재黃載의 사위가 되어서였다. 즉 김무와 김효지 부자는 처가의 연고지로 이주하였고, 그곳을 광산김씨의 삶의 터전으로 만든 것이었다. 이렇게 오천 마을에 정착하게 된 김효로와 그의 자손들은 그들만의 문화를 만들어 갔다. 그 가운데 음식 문화를 담은 것이 바로 『수운잡방』이었다.

김광계는 중양절을 맞아 황국화를 말려두었다가 술을 마련하였다. 동네에 친족들을 불러 모아 모두 모여 앉았다. 밀봉해 두었던 술 항아리를 열어보니 향기 가득한 술이 익어 있었다. 둘러앉아 마시는 국화주는 향긋하였다. 국화주를 곁들이며 국화를 감상하는 데에도 남녀노소에 차이는 없었다.

> 동네 친족들을 불러 국화를 감상하였다. 술잔을 나누며 매우 조용히 이야기를 하였다. 자리를 마칠 때 할머니 앞에서 노래를 부르고 춤을 추면서 실컷 즐기고 흩어졌다.
> ―『매원일기』 1610년 9월 24일

오늘 술자리는 할머니가 마련하셨다. 동네 친족들이 모였고, 국화를 보면서 술잔을 나누었다. 조용히 이야기를 나누며 술잔이 여러 차례 돌자 흥이 일었다. 자리를 마칠 즈음에 할머니 앞에서 노래를 부르고 춤을 추며 할머니를 즐겁게 해 드렸다.

음력 9월은 익은 곡식을 추수하고, 겨울을 준비하는 때이기도 하였다. 오천 마을에 살고 있던 김령은 9월 9일 중양절을 맞이해서 선친의 가묘에 전을 올렸다. 그리고 동네 친족들을 모아 자리를 마련하였다. 들에는 한창 수확을 하느라 분주한 때였다. 동네 친족들은 한편으로 들에서 노복들이 수확하는 모습을 감독하면서 술을 가지고 속속 모여들었다.

낮에 선친의 가묘에 전奠을 올렸다. 시내를 따라 내려가 등고회登高會를 가졌는데, 번천樊川을 오가는 길이다. 여희·덕여·이지 삼형제·이실·금호겸·서숙과 김참이 함께하였다. 세아가 번천들(樊郊)에서 수확을 감독하고 돌아오다가 또한 함께하였다. 술을 가지고 온 이들이 번갈아 술을 돌리다가 모임을 파하니 이미 달이 지고 밤은 깊었다.

－『계암일록』 1619년 9월 9일

등고회는 음력 9월 9일 중양절에 산에 올라가 산수유 열매를 따고 국화주를 마시던 풍속을 말한다. 김광계는 형제, 숙부들과 함께 마을 앞 시내를 따라 내려가 등고회를 가졌다. 너도나도 술을 가지고 와 둘러앉았다. 모인 사람들만큼 집집마다 술맛은 다채로웠고,

술잔을 함께 하며 남긴 글 역시 풍부하였다. 이황은 도연명이 남긴 시에 화운하여 이렇게 말하였다.

無酒苦無悰	술 없으면 딱하게도 기쁨일랑 없나니
有酒斯飮之	술 있으면 이내 바로 그것을 마신다네
得閒方得樂	한가해야 비로소 즐거움을 얻나니
爲樂當及時	즐거운 일 있거들랑 그때 바로 즐겨야지
薰風鼓萬物	훈훈한 저 바람이 만물을 고무시켜
亨嘉今若玆	무성한 아름다움 이제 이와 같구나
物與我同樂	만물과 내가 함께 즐거움을 누리거늘
貧病復何疑	가난하고 병든 것을 걱정할 것 있으리
豈不知彼榮	저 세상 영화로움 내 어찌 모르랴만
虛名難久持	헛되고 헛된 이름 오래가기 어려워라

―『퇴계집』 권1, 「和陶集飮酒」, 20수 중 첫 번째

분盆에 담은 국화

매화와 함께 국화는 김광계에게 서책만큼이나 각별하였다. 1619년 5월 김광계는 집을 떠난 지 여섯 달 만에 집으로 돌아왔다. 그동안 식구들이며 집안의 모든 일은 할머니와 아내가 처리하였다.

> 밥을 먹은 뒤에 할머니를 뵙고, 이어서 본가로 들어왔다. 집을 떠난 지 벌써 여섯 달째이다. 서적과 매화·국화·소나무·대나무를 살펴보니, 모두가 이전 그대로이다.
> ―『매원일기』 1619년 5월 3일

김광계는 오래도록 집을 비웠다. 돌아와서 할머니를 뵙고 그간 무탈하신지 인사를 드렸다. 그리고 김광계는 서적들과 매화와 국화가 잘 있었는지 살펴보았다. 소나무와 대나무도 잘 있었다. 모든 것이 그대로 잘 있다는 것을 확인하고서 일상으로 돌아왔다. 국화와 매화는 이런 의미였다.

사대부들은 귀한 꽃을 분에 담아 선물로 전하기도 하였다. 김광계는 과거시험을 보기 위해서 현풍에 갔다. 가는 길에 여러 어른들을 만났는데, 화분을 선물로 받았다.

쉬었다. 들으니, 포산苞山(현풍) 곽삼길郭三吉 어른이 나를 위해 사계화四季花 한 분盆을 준비해 두었다고 하여 가서 사례하고 가지고 오려고 했는데, 이적李適 형이 이미 들고 와 있었다.

—『매원일기』 1605년 8월 12일

사계화는 월계화月季花를 말한다. 월계화의 꽃은 때 없이 피는데 흔히 5월에 홍자색 또는 황백색으로 꽃을 피운다. 선물로 꽃을 받아 들고 사례를 하려고 가는 데 사람이 이미 화분을 가지고 와서 기다리고 있었다. 과거시험을 보고 선물로 받은 화분은 집으로 잘 가져왔다.

계절이 바뀌면 매화와 국화는 화분에 담아 집 안으로 들여 두었다. 이렇게 방안에 들여 둔 꽃은 계절보다 일찍 피어나서 뜻하지 않은 기쁨과 반가움을 주기도 하였다.

분매盆梅를 따뜻한 방안에 두었더니 벌써 10여 송이가 피었다. 바라보니 예쁘다.

—『매원일기』 1616년 12월 14일

김광계는 화분에 꽃을 담아 방의 한쪽에 두곤 하였다. 화분에 담긴 꽃으로 계절을 먼저 느끼고 또 오래도록 느낄 수 있었다. 정원에 피어난 꽃은 집안사람 누구나 보고 느끼는 것이라면 화분에 담은 꽃은 자신을 좀 더 담을 수 있었다. 김광계는 분매를 방안에 두었더니 12월 보름이 채 되지도 않았는데, 벌써 10여 송이가 꽃망울을 터트렸다. 그해에는 더 오래도록 매화를 가까이 둘 수 있었다.

할머니와 아내의 온천 나들이

김광계가 사는 오천 마을에서 북쪽으로 멀지 않은 온혜에 온천이 있었다. 때때로 마을 사람들이 온천을 하러 다녀왔다. 음력 7월이 되자 더위가 한풀 꺾였다. 할머니와 아내가 온천을 하러 가겠다고 하시니 모시고 나섰다.

> 할머니 및 서모庶母와 아내가 오계迃溪 초정椒井에 목욕하러 갔다. 내가 배행하여 갔다. 노산 재종조부가 보러왔다. 정오가 덜 되어 초정 가에 당도하였다. 사찰관司察官 김건金楗이 보러왔다. 날이 저물어 내가 막 목욕을 하려고 하는데 백화伯華가 왔다.
> —『매원일기』 1608년 7월 16일

김광계는 할머니와 서모를 모시고 아내와 함께 길을 나섰다. 집에서 북쪽으로 조금 떨어진 곳에 초정이 있었다. 할머니가 외출을 하신다고 하니 재종조부가 와서 인사를 하고 가셨다. 일찍 길을 나섰더니 정오가 덜 되어서 초정에 도착하였다.

이레가량을 머물면서 이어서 온천에 하루에 세 번씩 목욕을 하였다. 할머니와 아내가 머물러 있는 동안에 봉화에 살고 있는 서모의 어머니와 영천[영주]에 살고 있는 김광계의 누이가 온천에 와서 함께 머물렀다. 집안의 여성들이 온천을 하러 나설 때는 함께 가서 며칠 머물렀다.

> 새벽에 아이 염㻿과 며느리가 동산東山의 초정椒井에 갔다. 이날 아픈데도 억지로 사당에 천신薦新하였더니 기운이 더욱 고르지 못하였다. 수재 권계權鑛가 보러 왔다. 7월 13일 염㻿이 초정에서 며느리를 데리고 돌아왔다.
>
> —『매원일기』 1638년 7월 7일

김광계의 집안 사람들은 음력 7월에 온천에 갔다. 할머니가 살아 계실 때부터 해 오던 일이었다. 한 번 초정에 가면 열흘가량 머물다 돌아왔다. 김광계는 며느리가 온천을 가겠다고 하니 데리고 다녀오려고 하였다.

> 나는 초정에 목욕하러 가지 못하고 염㻿이 며느리를 데리고 갔다.
>
> —『매원일기』 1639년 7월 27일

김광계는 몸이 불편해서 집에서 쉬고 있었다. 그런데 며느리가 초정에 가겠다고 하니 어쩔 수 없었다. 자신이 직접 며느리를 배행할 수 없게 되자 아들이 대신 나섰다. 할머니와 서모가 해 오던 초정 나들이였다. 아내는 할머니와 함께 다니다가 이제는 며느리와 함께 초정으로 갔다. 집안에서 안사람들의 문화였고, 집안 남자들이 각별히 보살펴 이런 문화가 이어질 수 있도록 하였다.

이렇게 김광계 집안사람들이 즐기던 초정의 온천은 소문이 자자하였던 것으로 보인다. 김광계의 스승 정구는 중풍으로 고생을 하고 있었다. 중풍을 낫기 위해서 여러 차례 온천 여행을 다녀 왔던 터였다. 이번에는 제자들과 함께 영천[영주] 초정에 와서 온천을 하였다.

> 정한강鄭寒岡 선생이 중풍을 앓은 지 이미 오래되어서 지난달 20일 후부터 영천榮川[영주] 애전艾田 초정椒井에 와서 목욕하고 계신데, 연이어 일이 있었기 때문에 지금까지도 아직 나아가 안부를 여쭙지 못하였다가 오늘 생원 재종숙을 모시고 함께 길을 나섰다. 소계정召憩亭에서 말먹이를 먹이고, 삼계서원三溪書院에서 잤다.
>
> ─『매원일기』 1616년 7월 18일

김광계는 정구鄭逑(1543~1620)가 초정으로 와서 온천을 하고, 부석사에 유람을 하러 간다는 소식을 들었다. 벌써 지난달 20일부터 스승이 영천[영주]에 와 계시다는 소식을 들었는데 아직 가서 뵙지 못하고 있었다. 김광계는 영천[영주]으로 길을 나섰다. 삼계서원에서 하루를 묵었고, 다음날 애전에 당도하여 선생님을 뵈었다. 그리고 함께 그곳에서 묵었다.

다음날 영천군수가 와서 스승께 인사하였다. 김광계는 영천에 온 걸음에 누이의 집에 가서 인사를 하고 오려고 계획하였다. 정구는 온천을 한 후에 부석사로 가서 요양을 할 계획이라서, 김광계는 다시 부석사로 가서 스승을 뵙고자 계획을 하였다. 부석사에 가서 스승이 오시기를 기다리고 있었다. 며칠 후에 정구는 부석사로 왔고 김광계는 부석사에서 7일가량을 머물면서 스승과 이야기를 나누었다.

김광계 집안 사람들에게 온천 나들이는 일상적인 일이었다. 할머니와 아내, 그리고 며느리는 집안 남성들의 도움을 받으면서 초정에 가서 열흘 남짓 휴가를 보내고 돌아오곤 하였다. 그렇다면 조선시대 사대부 여성들은 어디에 어떻게 외출을 하였을까. 나들이하는 조선시대 사대부 여성들의 모습을 찾아본다.

1556년 1월 20일 경상도 성주에서는 특별한 행사가 벌어졌다. 경상도 관찰사가 활을 잘 쏘는 사람을 모아서 들판에서 진법을 훈련하기로 하였다. 이 소식을 들은 이문건의 아홉 살 난 손녀 숙희가 할머니와 함께 진법 훈련을 구경하러 가고 싶다고 말하였다. 이문건이 허락을 하였고, 이문건의 아내와 며느리, 손녀 숙희는 진법 훈련을 구경하러 나섰다.

> ○관찰사가 들판에서 활 잘 쏘는 사람을 모아서 진법을 훈련한다고 한다. ○숙희淑禧가 아침 일찍 올라와 묻기를, "할머님을 모시고 남정南亭 아래 인가人家에 가서 훈련하는 것을 보고 싶습니다"라고 하기에, 승낙하고 가서 보도록 하였다. 식후에 가서 보았는데, 숙길淑吉의 어미도 따라갔다. 다 보고서 돌아왔다. ○나도 남정에 올라가 바라보았다. 유생들이 많이 모여 있었는데, 나를 보고 바로 절을 하기에, 답을 하느라 많이 힘들었다. 도희윤都熙胤, 권적權績도 와서 보았다. 왜적과의 전투를 2운運 훈련하고, 또 1차次 작은 전투를 하다가 그쳤다. 관찰사가 파하고 들어가자 사람들이 흩어졌고, 나도 돌아왔다.
> ―『묵재일기』 1556년 1월 20일

이날의 행사는 모의 전투를 포함한 군사 훈련을 하는 날이었다. 이문건의 손녀는 진법 훈련을 한다는 소식을 듣고 구경하러 가도 좋은지 아버지께 말하였다. 이문건이 허락을 하자 아내와 며느리까지 함께 군사 훈련을 구경하러 나들이에 나섰다. 관아에서는 군사 훈련이라고 해서 관람하는 사람들 가운데 특별히 여성을 제한하지 않았고, 집안에서 이문건 역시 집안 여성들의 나들이를 제한하지 않았다.

이런 특별한 경우를 제외하면, 일상적으로 여성들의 나들이는 친족들의 혼인과 생일 같은 잔치에 가는 것이 대부분이었다. 생일과 같은 특별한 날에는 사대부 여성들은 사람들을 모아 함께 술을 마시고 잔치를 즐겼다. 이때 기생이나 악공을 불러 즐기기도 하였다.

○아내가 음식과 술을 준비하였다. 효갑과 천택天澤, 며느리가 함께 앉았고, 기성箕星은 아파서 안에 머물며 나오지 않았다. 한림翰林의 방기房妓 4, 5명을 불러서 거문고를 연주하고 노래를 부르게 하였다. 피리 부는 노복[笛奴]도 와서 밖에서 피리를 불었다. 각기 술을 돌려서 아내에게 장수를 축원하였고, 아내도 답례를 하였다. 효갑이 일어나 춤을 추었고, 천택天澤이 먼저 춤을 추었다. 다시 술을 돌리고, 효갑이

3번째 돌리고서 파하였다.

—『묵재일기』 1555년 8월 21일

　1555년 이문건의 아내가 생일을 맞이하였다. 어머니의 생일날에 아들은 병으로 누워 있었기 때문에 참여하지 못하였다. 그러나 아들 대신 며느리와 친정 조카(효갑)와 이문건의 조카 손자인 천택 등 여러 친인척들이 모여 잔치를 열었다. 불러온 기생은 거문고를 연주하였고 노래를 불렀다. 게다가 피리를 부는 악공도 불러왔다. 아무래도 악공을 집 안채까지 들이기는 곤란하였던 것 같다. 피리 부는 악공은 밖에서 피리를 불었다. 기생이 거문고를 연주하고 악공이 피리를 연주하자 아내의 친정 조카와 시댁 조카가 거리낌 없이 함께 즐기며 술을 올리고 춤을 추었다.

　이문건이 아내의 생일잔치를 이렇게 하였던 것은 이번만이 아니었다. 다른 해의 생일에는 근처에 사는 동네 아낙들을 불러 함께 즐겼다. 간혹 이문건이 직접 거문고를 연주하며 아내의 생일을 축하하기도 하였다. 1563년의 생일에는 70살의 고령에도 이문건은 손자에게 춤을 추라고 하였고, 자신이 직접 거문고를 타서 아내를 축하해 주었다. 사대부 여성의 나들이로 가장 흔한 사유가 생일과 혼례에 맞추어 이루어졌다.

이문건李文楗(1494~1567)이 남긴 『묵재일기』는 1535년부터 1567년까지 일상생활을 기록한 일기이다. 이 가운데 1545년부터 1567년까지 23년 동안은 이문건이 경상도 성주에서 유배 생활을 하면서 기록하였다. 16세기 후반 사대부의 일상과 경상도 성주의 모습을 담고 있는 기록이다. 이문건의 아내가 생일잔치를 하고, 며느리와 손녀가 진법 훈련을 구경하기 위해서 외출하는 것은 경상도 성주에서의 일이었다. 이런 사대부 여성들의 일상과 일상을 벗어난 나들이는 결코 특수한 개인의 이야기만은 아닐 것이다.

도연명의 꽃, 국화

주변 사람들과 모여서 국화를 감상하며 술을 나누는 것은 늦은 가을날의 일상에서 중요한 일이었다. 매년 9월 말에서 10월에 여러 사람들이 각자 자리를 마련하였다.

> 이날 박 형이 국화를 감상하는 술자리를 마련하여 귀성 사인士人들 10여 명이 와서 모였다. 김효선金孝先, 박경朴璥, 박경범朴景範, 이여혐李汝馦 등이고 나머지 사람들은 성姓과 자字를 모른다.
> ―『매원일기』 1603년 10월 15일

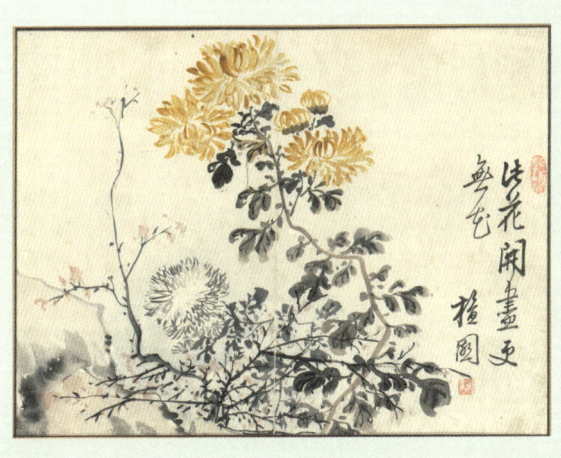

그림 12
김홍도, 〈국화도〉,
국립중앙박물관 소장,
e뮤지엄에서 전재

이날 저녁에 판사·생원 재종숙, 덕유·덕회 형 및 노산 재종조부가 이건 집의 국화를 감상하였다.

―『매원일기』 1608년 10월 16일

동네 친족들을 불러 국화를 감상하였다. 술잔을 나누며 매우 조용히 이야기를 하였다. 자리를 마칠 때 할머니 앞에서 노래를 부르고 춤을 추면서 실컷 즐기고 흩어졌다.

―『매원일기』 1610년 9월 24일

이건以健이 술을 가지고 와서 세 사람이 솥발처럼 나란히 앉아 달을 바라보며 국화를 감상하기도 하고, 혹 때때로 백사장을 거닐고 밤이 깊어져서야 잠자리에 들었다. 참墋 아재도 술을 가지고 왔다.

―『매원일기』 1615년 9월 15일

국화를 감상하는 일에 남녀노소가 차이가 없었다. 국화를 감상하고 이야기를 나누면서 집안에서 가장 윗자리 어른이신 할머니를 위해서 노래를 부르고 춤을 추면서 하루를 보내었다.

매화와 국화는 김광계에게 일상을 함께하는 대상이었다. 어느 해에 김광계는 집을 떠나 대여섯 달을 머물러 있었다. 그리고 집으로 돌아와서 김광계가 제일 먼저 챙겨 본 것이 이들이었다.

> 밥을 먹은 뒤에 할머니를 뵙고, 이어서 본가로 들어왔다. 집을 떠난 지 벌써 여섯 달째이다. 서적과 매화·국화·소나무·대나무를 살펴보니, 모두가 이전 그대로이다.
> ―『매원일기』 1619년 5월 3일

 서책을 살펴 확인하고, 매화와 국화 그리고 소나무와 대나무를 살펴보았다. 모두가 예전 그대로였다. 오래 집을 비워두고 돌아오자마자 서책과 함께 이들의 안부를 살필 만큼 각별한 존재였다.
 국화는 도연명이 사랑한 꽃이었다. 도연명陶淵明(365~427)은 진晉나라의 시인이다. 도연명이 살았던 시기는 동진東晉과 유송劉宋의 교체기로 분열과 혼란이 극심하여 밖으로는 북쪽 지역을 점령한 오호五胡와 대립하였고, 안으로는 농민의 봉기와 군벌들의 내란이 끊이지 않았다. 그러던 중에 막강한 군벌을 거느린 유유劉裕가 군사를 일으켜 수도 건강建康을 점령하고 애제哀帝를 시해하였고, 동진東晉의 마지막 황제 공제恭帝를 유폐시키고 의롭지 못한 방법으로 나라를 빼앗아 송宋을 세웠다. 도연명은 낙향해서 전원에서 살다가 생을 마쳤다. 16세기 중반 조선의 사대부들 가운데 도연명의 처세를 지향하는 이들이 많았다. 도연명은 자신의 생활을

結廬在人境, 而無車馬喧	사람들 틈에 농막을 짓고 사니 수레 시끄럽게 찾는 자 없노라.
問君何能爾, 心遠地自偏	어찌 그럴 수 있는가 생각하니, 마음이 머니 땅 스스로 외지구나.
採菊東籬下, 悠然見南山	동쪽 울타리에 국화꽃 따들고 유연히 남산을 바라보노라.
山氣日夕佳, 飛鳥相與還	가을 산 기운 저녁에 더욱 좋고 날새들 짝지어 집으로 돌아오니
此中有眞意, 欲辨已忘言	이러한 경지가 바로 참맛이려니 말로는 도저히 표현할 수 없어라!

라고 하였다. 울타리에 국화를 심어두겠다는 조선시대 사대부들의 말은 도연명의 삶을 꿈꾸는 마음을 담은 말이었다.

계절로는 늦은 가을이었다. 겨울을 준비하는 일 가운데 국화를 담아 집에 들이는 것이 있었다. 오천 마을에서 김광계와 함께하였던 김령은 국화를 꽂으며 다음과 같이 국화를 노래하였다.

三色寒花共一甁	세 가지 색깔의 겨울 꽃을 한 병에 모두 꽂아서
案頭淸艶照人明	책상 머리에서 맑고 탐스럽게 사람을 비치어 밝게 하네
芳華不類桃和李	아름다운 꽃은 복사꽃이 오얏꽃과 어울리는 무리가 아니고
良月霜風落葉鳴	시월의 서릿 바람은 떨어지는 잎을 울리네
紫菊妍妍秋意深	자주빛 국화가 곱고 고우니 가을다운 기분이 깊어지고
寒叢相倚夕暉陰	추위에 떼지어 서로 의지하니 저녁 노을이 가리우네
雖然外帶臙脂色	비록 그러하나 밖으로는 연지 빛을 띠우고
要識中含鐵石心	요긴한 것은 속으로 철석같이 변치 않는 마음을 품었음을 알지어다
白菊亭亭歲暮榮	흰 국화가 아름다우니 세밑이 꽃다웁고
梅爲兄弟雪爲精	매화와는 형과 아우가 되니 눈은 뛰어나 아름다우네

西山餓魄論貞節	수양산에서 굶주린 넋은 변치 않고 절개를 논하고
商嶺厖眉化皎英	상산의 노인들은 티 없는 흰 꽃으로 변하였네
黃菊燄燄晚色鮮	노랑빛 국화꽃이 빛나고 윤택하니 저녁 빛이 곱고
金英奪目歲寒天	황금빛 꽃이 눈을 빼앗아 가니 추운 계절이네
回看萬木皆搖落	돌아다 보면 온갖 나무가 모두 흔들려 떨어졌고
疇昔繁華摠可憐	지난날의 번성하고 화려함이 다 가련하구나

―『계암집』권3,「紫黃白菊揷甁中」, 辛未(1631년)

김령은 세 가지 국화를 병에 담으며 국화의 아름다움을 노래하였다. 자주빛 국화는 화려하게 가을로 들어가는 길목에 있으면서 화려하지만 변하지 않는 마음을 보여주는 것이라고 하였다. 흰 국화는 매화와 같이 눈 같은 아름다운 절개라고 의미를 부여하였다. 마지막으로 노랑빛 국화는 황금빛으로 번성하고 화려한 의미를 담은 것으로 말하였다. 국화에서 절개를 읽었고, 매화에 비견하기도 하였다. 17세기 오천 마을에 살았던 김광계와 김령은 국화는 도연명을 담은 절개를 상징하였고, 혼잡한 세상을 등지고 전원에서 자신의 가치를 만들어가는 자신들의 모습을 담아 옆에 두고 감상하였다.

가을 바다에 담긴 특별한 사연

김광계는 종종 바다를 구경할 수 있었다. 이것은 매우 특별한 사연이 있었는데, 바로 김광계의 막내 여동생의 시집이 영해에 있었기 때문이었다. 김광계의 여동생은 1607년에 이시명과 혼인을 하였다. 이시명은 오천 마을에서 신혼 생활을 하였다. 혼인을 하고 3년째가 되던 1610년 11월에 김씨는 처음으로 영해에 있는 시집으로 갔다. 그리고 이시명 부부는 영해와 오천 마을을 오가면서 지냈다.

그러던 어느 날 누이가 오천에 다녀가고 불과 몇 달이 되지 않았는데, 별안간 누이가 세상을 떠났다는 소식을 들었다. 오장을 도려내는 것 같은 아픔에 아내와 부여잡고 통곡을 며칠 하였다. 연세가 많으신 할머니께서 충격을 받으실까 봐 차마 말씀을 드릴 수가 없었다. 게다가 할머니는 동네에 전염병이 돌아서 이웃에 있는 노복의 집으로 옮겨 거처하고 계시고 있었다. 부고를 받고서 한 달가량이 되어가던 때에 드디어 할머니께 말씀을 드렸다. 부고를 받은 날에 당장 영해로 달려가고 싶었지만 전염병이 돌고 있는 사정 때문에 갈 수가 없으니 더욱 슬펐다.

김광계는 10월에 접어들어 전염병의 기미가 좀 잦아들자 영해로 출발하였다. 진보에서 하루를 묵고 다음 날 저녁에야 영해 누이의 집에 도착할 수 있었다. 도착해서 빈소에 들어가 보니 오장이 찢어지는 것 같았다.

> 읍령泣嶺을 넘어서 저녁에 누이의 집에 당도하였다. 빈소에 들어가니 붉은 만장과 혼백상자만 보이고 촛불이 깜빡이고 있을 뿐이었다. 목을 놓아 통곡하니 오장五臟을 도려내는 듯하였다. 또 회숙晦叔과 서로 부여잡고 통곡을 하고 조금 있다가 안으로 들어가서 의령宜寧 어른을 뵈었다. 물러나 나와서 회숙과 함께 잤다.
> ―『매원일기』 1614년 10월 16일

김광계는 빈소에서 목 놓아 통곡하고 또 하였다. 어떻게 이럴 수가 있단 말인가. 여동생은 막내였다. 부모님이 돌아가시고 어릴 때부터 할머니의 손에 자랐다. 특히 마음이 쓰이는 막냇동생이었다. 김광계는 지극한 슬픔을 억누르면서 매부 이시명과 어린 조카들을 위로하였다. 며칠을 그곳에 머물면서 주변 사람들과 함께 바다로 갔다. 가슴이 답답하고 울적한 마음을 달래고 싶었다.

> 오후 늦게 무회·회숙과 함께 바닷가 언덕에 가서 바다를

4. 진한 가을 향기 머금은 황국화주

바라보고 돌아왔다. 권의철權宜喆도 보러왔다. 이날 바람이 불기도 하고 비가 내리기도 하였다.

―『매원일기』 1614년 10월 18일

김광계는 답답한 마음을 바다를 바라보며 달래었다. 비가 내리기도 하고 바람이 불기도 하는 바다에서 다시 깊은 슬픔에 빠져들었다. 며칠을 영해에 머물면서 이시명의 아버지 이함과 이야기를 나누기도 하고, 영해의 여러 사대부들과 시간을 보내기도 하였다. 며칠 후 이시명과 눈물을 흘리면서 작별을 하고 돌아왔다.

그로부터 2년이 흘렀다. 1616년 8월 24일 여동생의 대상이 다가오자 김광계는 둘째 아우와 함께 영해로 길을 나섰다. 다음날 어두컴컴한 때에 영해에 당도하였다. 밤이 너무 깊었기 때문에 이함 어른께 인사를 드리지는 못하였다. 다음날 이함 어른을 뵙고 인사를 드렸다. 몇 년 동안 큰 병을 앓으신 데다가 갑자기 아들자식까지 잃는 슬픔을 당하셨던 터였기 때문에 지탱하기 어려운 형편이셨다. 집안에 새로 초상을 당하였기 때문에 누이동생의 대상은 간략히 차려 지냈다. 이렇게 누이동생의 상례는 모두 마무리되었다. 허무하고 슬펐다.

김광계는 이시명의 집에 며칠을 머물렀다. 다시 집으로 돌아가는 길을 나서면서 이함 어른께 인사를 드리고 바다로 나갔다. 영해에 온 기회에 바다를 보러 나섰던 것이다.

백공白公이 보러 왔다. 밥을 먹은 뒤에 의령宜寧 어른께 하직 인사를 올리고, 자실子實·상여相如 및 둘째 아우와 함께 봉송奉松으로 나가 바다를 바라보았다. 비가 내리다가 곧 개고 동풍이 크게 일어나 놀란 파도가 옆으로 누워 치니, 마치 옥산玉山이 꺾여 무너지는 듯하고, 파도 소리는 마치 천둥

그림 13
《관동명승첩關東名勝帖》,〈망양정望洋亭〉, 간송미술문화재단 소장
망양정 앞으로 펼쳐진 바다는 김광계가 바라본 모습에 가까울 것이다.

이 치는 듯하여 참으로 장관이었다. 여러 벗들과 함께 모래 사장을 천천히 걷다가 염막鹽幕에 들어가 보았다. 또 봉송으로 가서 모래톱에 앉아 술을 마셨다. 영해 도호부사와 경차관敬差官 강린姜繗을 보니, 관어대觀魚臺에 오르고 있었다. 술기운이 올라 여러 벗들과 함께 바다 어귀에 배를 띄웠다가 또 해안에 올라서 경치를 구경하였다. 얼마 있다가 영해 도호부사와 강공姜公을 보니, 산에서 내려가 배를 띄우려 하였다. 나는 여러 벗들과 함께 지름길로 관어대에 올랐다. 아래로 내려다보니 권權·강姜이 배를 타고 바다로 들어갔는데, 잠깐 사이에 강공이 갑자기 뱃멀미를 하여 관인들이 부축하여 나왔다. 저녁때쯤 바람[飛廉]이 잦아들고 구름이 사방으로 걷혀서 만 리의 바다가 한눈에 들어왔다. 또 이건以健 및 상여와 함께 산꼭대기에 올라가 동남쪽을 바라보니, 더욱 멀리까지 탁 트여서 형용하기 어려웠다. 권의각權宜恪 형제의 초청을 받아서 돌아오는 길에 잠깐 만나보고, 둘째 아우 및 두 벗과 함께 저물 때 서원으로 돌아와 잤다.

—『매원일기』 1616년 8월 28일

경상도 북부의 내륙에 살고 있는 김광계였다. 바다를 구경하는 것은 쉬운 일이 아니었다. 어쩌면 대부분 사람들은 평생에 한 번도 구경하지 못할 바다였다. 여동생의 대상 때문에 영해에 왔던 터였다. 슬픔을 달래기 위해서 바다로 나아갔다. 그리고 산꼭대기에 올라가서 멀리 바다를 바라보니 형용하기 어려운 풍경이었다.

김광계는 경상도 북부 지역에서 다양한 인맥이 있었다. 혼인과 학문을 통해서 사대부는 그들의 영향을 확대할 수 있었다. 김광계는 이 가운데 더욱 특별한 사정을 가지고 있던 사람이었다. 바다를 구경하다니. 김광계는 막내 여동생이 영해에 살고 있던 이시명李時明(1590~1674)과 혼인을 하면서 영해의 사대부들과 보다 긴밀한 관계를 맺게 되었다. 조선시대 사대부에게 혼인은 선대로부터 사회적 기반을 물려받는 계기였다. 본관이 재령이고 영해에 살았다. 이애李璦(1480~1561)가 영해에 정착한 이후에 그 후손들이 살게 되었다. 이애의 손자 이함李涵(1554~1632)은 이시명의 아버지이며, 영해부에서 처음으로 문과에 급제한 인물이다. 이시명이 살던 때에 영해에서 이함의 영향은 대단하였다.

이시명의 어머니는 진성이씨眞城李氏 이희안李希顔(1511~1563)의 딸이었고, 진성이씨의 어머니 즉 이시명의 외할머니는 의성김씨義城金氏이다. 이시명의 어머니 진성이씨는 이황의 족질녀族孫女이고, 외할머니는 의성김씨는 김성일金誠一과 같은 집안이었다. 이시명의 아버지는 김성일과 친분 관계를 유지하면서 공부하였다. 이런 관계는 훗날 이시명이 안동장씨 장흥효의 딸과 재혼을 하는 데에 작용하였다. 이시명은 경당 장흥효의 제자가 되고 뒷날 그의 사위가 되었다.

이함의 첫째 아들 이시청李時晴과 둘째 이시형李時亨은 영해지방에서 경제적으로 풍요로운 무안박씨와 혼인을 하였다. 혼인을 하면서 무안박씨 집안의 경제적 기반은 이시명의 형제들에게 전해지게 되었다. 물론 앞서 이시명의 선대가 영해에 거주하게 된 것 역시 혼인에서 비롯되었다. 이함의 조부 이애는 영해에 사는 진성백씨와 혼인을 하고 영해에서 생활하게 되었다. 이함이 영해에 살게 되고, 이시명이 예안과 안동에서 이황의 제자들로부터 학문을 할 수 있었던 것은 혼인으로 맺어진 관계의 결과였다.

이시명은 이함의 셋째 아들이었다. 이시명은 1607년 18세에 광산김씨 김해의 딸과 혼인을 하였다. 이시명은 23세에 소과에 합격하고 성균관에서 공부하였다. 이시명은 김씨와의 사이에서 아들 하나와 딸 하나를 두었다. 그러다 아내 김씨가 전염병으로 사망하였다. 이시명이 25세 때에 있었던 일이었다. 아내 김씨와 이시명은 10년도 못 되는 시간을 부부로 살았지만, 그들의 혼인은 이후 지속적으로 이시명의 일생에 영향을 주었다.

이시명이 성장하는 과정에서 가장 먼저 영향을 주었던 인물은 아버지 이함이었다. 영해에서 태어나서 유년기를 보내던 이시명은 18세에 아버지가 의령현宜寧縣에 수령으로 가게 되었을 때 함께 가서 지냈다. 그곳에서 곽재우郭再祐(1552~1617)를 만났고, 이후 지속적으로 관계를 유지하였다. 두 번째로 이시명의 일생에 영향을 준 것이 오천 마을의 광산김씨를 아내로 맞이하면서였다. 이시명의 행장에는

> 광산김씨 집안에 장가 들었는데, 검열 해垓의 따님이자 관찰사 연緣의 증손녀이다. 김씨는 대대로 선성宣城에 살았는데, 선성은 퇴계 선생의 교화를 입어 오래된 가문과 남아있는 풍속이 몹시 훌륭[彬彬]하였다. 공이 그곳에서 지내면서 날마다 보고 느끼며 견문을 넓힐 수 있었다. 갑인년(1614)에 김씨가 세상을 떠났고, 병진년(1616)에 안동장씨를 재취로 맞았는데 경당 선생 홍효의 따님이다. 경당공이 학봉과 서애 두 선생에게서 퇴계 문하의 심학心學을 전수받았는데, 뒷날 공의 가학家學이 여기에서부터 시작되었다.
>
> ―『석계집石溪集』 부록 권1, 「行狀」

라고 하였다. 이시명은 광산김씨와 혼인을 하면서 선성[예안]의 사

대부들과 특별한 관계를 맺게 되었던 것이다. 선성은 예안의 또 다른 명칭으로, 선성은 이황의 학문을 담은 상징적인 공간으로 자리하였다. 이시명의 행장은 셋째 아들 이현일李玄逸(1627~1704)이 지었다. 이시명이 나고 자란 영해는 벽지였기 때문에 견문을 넓힐 기회가 드물었다. 또 학문을 함께 할 벗 역시 적었다. 이런 이유에서 아버지가 의령 수령으로 갈 때 그곳에 가서 견문을 넓히는 기회를 삼았던 것이기도 하였다. 그런 가운데 오천 마을의 광산김씨와 혼인을 하면서 맺은 인연으로 자신의 학문적 발전을 이룰 수 있었던 것이다. 이시명은 첫 번째 혼인에서 예안의 명문가 광산김씨 가문과 인연을 맺었고 그곳에서 아버지에게서 이어받은 학문을 더욱 진보할 수 있게 되었다.

여기서 끝이 아니었다. 이시명은 1614년 25세에 아내 김씨가 세상을 떠나자 그로부터 2년 후인 1616년 안동 검재에 살고 있는 안동장씨와 재혼을 하였다. 이시명과 안동장씨 사이에 6남 2녀를 두어 모두 7남 3녀의 자녀가 있었다. 이시명의 자녀들은 안동과 예안 일대의 사대부들과 혼인하면서 이시명의 학문적 정체성과 사회적 관계는 자손에게 전해지게 되었다. 혼인을 매개로 해서 확보된 관계는 학문으로 이어졌다. 이것은 조선시대 사대부들의 일생에 깊은 영향을 주었다.

❖ 나오는 말 _ 이상향을 담은 일상 공간

    김광계는 17세기 경상도의 북부에 있는 예안에서 태어났다. 김광계는 오천 마을에서 자랐고, 혼인하였으며, 아내와 함께 평생을 오천 마을에서 살았다. 김광계가 살았던 동네는 앞으로 낙동강이 흐르고, 조금 멀리 북쪽으로는 청량산이 높게 솟아 있었다. 오천 마을에서 낙동강을 거슬러 올라가면 이황의 공간인 도산서원이 자리하고 있었다. 김광계가 살았던 공간은 이황과 그의 동료 문인들이 만들었던 생활공간이면서 그들이 지향하는 이상을 담은 공간이기도 하였다.

    이황이 살았던 영지산 아래 도산이 있는 지역은 주희가 살았던 공간의 의미를 담고 있다. 이황은 마을 뒤로 흐르는 물은 퇴계라고 하였고, 산 남쪽에 흐르는 것을 낙천이라고 하였다. 거기서 몇 리를 거슬러 올라가면 물이 깊어 배가 다닐만한 곳이 있었다. 이황은 그 조그만 골에 자리를 잡았다. 앞으로는 강과 들이 내려다보이고, 깊숙하고 아늑하면서도 멀리 트여 있었다. 산기슭과 바위들은 선명하였고, 돌우물은 물맛이 달고 차서 수양하기 적당한 곳이었다. 이황은 그곳에 당堂과 사숨를 짓고 거처하였다. 그곳이 이황이 설계한 이상적인 공간이었다. 이렇게 이황에 의해 만들어진 도산 일대는 이황의 학문의 본질이 깃들어 있는 곳이었다. 이황의 도산은 주희에게 무이산武夷山과 같은 곳이었고, 공자에게 수사洙泗에 해당하는 공간이었다.

이황이 설계하고 살았던 공간에서 이제 이황은 세상을 떠났다. 그러나 그의 후배 학자들에게 도산陶山과 청량산淸凉山은 이황을 상징하는 공간으로 더욱 분명하게 자리하게 되었다. 낙동강을 두고 청량산에서 분천, 도산, 오천으로 이어지는 마을은 이곳을 함께 만들고 살아갔던 이황의 선배와 동료 그리고 후배 문인들이 공유하였던 공간이었다. 이곳은 그들의 일상생활이 이루어지는 무대이면서 그들의 학문과 지향이 담겨 있는 이상적인 공간이기도 하였다. 그들은 이곳이 주희의 무이武夷, 운곡雲谷과 닮아 있다고 여겼다. 이황과 주희가 각자의 공간에서 거처하면서 읊었던 문장과 공부는 그 뜻이 서로 같다고 여겼다.

그러나 주희와 이황은 서로 같은 주제에 대해 고민하고 탐구하였지만 시간과 지역이 서로 달랐다. 두 사람은 각자가 처한 시대와 환경이 달랐던 만큼 각자가 남긴 문장에서 차이도 분명히 있었다. 이황은 1561년(명종 16) 동지冬至에 「도산기陶山記」를 지었다. 이것은 주희가 지은 「무이정사잡영武夷精舍雜詠」을 두고 지은 것이지만 서로 다른 공간에서 빚어진 서로 다른 관념이 깃들어 있다. 이황의 후학들 역시 마찬가지였다. 이황이 설계한 도산을 중심으로 각기 골짜기를 차지하고 생활공간을 마련하였고, 서로 다른 공간을 토대로 일상생활을 하였다. 그리고 각자 공간에는 그들만의 관념과 고유함이 만들어졌다. 이것은 모두 함께 바라보면 도산을 중심으로 이황이 만든 문화이고, 개인을 두고 보면 자신만의 문화였다.

 이황은 1557년(명종 12)에서 1561년(명종 16)까지 5년 만에 도산서당陶山書堂과 농운정사隴雲精舍를 지었다. 이 공간은 이황의 관념이 그대로 깃들어 있었다. 도산서당은 모두 세 칸인데, 중간 한 칸을 완락재玩樂齋라고 하였다. 그것은 주희가 「명당실기名堂室記」에 "완상하여 즐기니, 족히 여기서 평생토록 지내도 싫지 않겠다."라고 한 말에서 따온 것이었다. 그 옆으로 동쪽 한 칸은 암서헌巖棲軒이라고 하였다. 그것은 주희의 「운곡이십육영雲谷二十六詠」 회암晦菴 시에서 "자신을 오래도록 가지지 못하였으니 바위에 깃들어[巖棲] 작은 효험 바라노라."라는 말을 생각하면서 가져온 것이었다.

 도산서당의 동쪽으로 한 편에는 조그만 못을 만들었다. 이황은 연못에 연꽃을 심어 정우당淨友塘이라고 이름하였다. 그리고 그 동쪽에는 몽천蒙泉이라는 샘을 만들었다. 샘 위로 산기슭을 파서 암서헌과 마주할 수 있는 자리에는 평평하게 단을 쌓고 그 위에 매화와 대나무, 소나무와 국화를 심어 두었다. 그리고 그 공간은 절우사節友社라고 불렀다. 이것으로 매화·대나무·소나무·국화는 절개가 있는 벗으로 의미를 부여받았다. 김광계는 일상생활에서 이황이 의미를 부여하였던 이 네 벗을 가까이 두었고, 이 네 벗은 서책과 무게가 같다고 여겼다.

  그리고 이황은 서당 앞으로 출입하는 곳을 막아서 사립문을 만들고 이름을 유정문幽貞門이라고 하였다. 유인幽人의 곧음을 드러내고자 한 것이다. 유정문을 나와서 마치 산문山門과 같은 곡구암谷口巖을 지나서 동쪽으로 몇 걸음 나가면 산기슭이 끊어지고 바로 탁영담濯纓潭이 있다. 그 위로는 커다란 바위가 마치 깎아 세운 듯 서서 여러 층으로 포개진 것이 10여 길이나 되었다. 그리고 그 위를 쌓아서 대臺를 만들었다. 우거진 소나무는 해를 가리고, 위에는 하늘이고 아래로는 물이 있어서 새가 날고 고기는 뛰며 물에 비친 좌우 취병산의 그림자가 흔들거려 강산의 훌륭한 경치를 한눈에 다 볼 수 있도록 하였다. 이곳의 이름을 천연대天淵臺라고 하였다. 그 서쪽 기슭 역시 이것을 본떠서 대를 쌓고 이름을 천광운영天光雲影이라고 하였다.

    活水天雲鑑影光, 觀書深喩在方塘
  거울 같은 활수에 하늘빛 구름 그림자 비치니, 책을 읽고 깊은 깨달음이 네모난 연못에 있었네.

我今得在淸潭上, 恰似當年感歎長
내 이제 맑은 연못가에서 뜻을 터득하니, 주자께서 당시 감탄하던 것과 흡사하다네.

天光雲影臺
천광운영대

 이황이 천광운영대를 말한 것에서 도산의 공간에 깃든 의미를 구체적으로 담았다. 이황은 맑은 연못가에서 자신이 터득한 이치가 바로 주희가 감탄하였던 것과 같은 것이라고 하였다. 도산을 설계하고 각각의 공간에 의미를 부여하면서 주희의 공간과 공부를 담아 자신의 것으로 만들고자 하였던 구상을 볼 수 있다.
 이황은 청량산에 특별한 의미를 부여하였다. 후학들은 청량산은 도산과 함께 이황을 상징하는 공간으로 여겼다. 이황은 청량산을 자신과 동일시하면서도 청량산淸凉山에 살지 않고 도산陶山을 선택하였다. 청량산은 만 길이나 높이 솟아서 까마득하게 깊은 골짜기를 내려다보고 있기 때문에 늙고 병든 사람이 편안히 살 곳이 못되었다. 또 산을 즐기고 물을 즐기려면 그 가운데 하나가 없어도 안 되는데, 낙동강이 청량산을 지나기는 하지만 산에서는 그 물이 보이지 않기 때문이라고 하였다. 이에 반해 도산은 산과 물을 겸하고 또 늙고 병든 이에게 편하기 때문이라고 하였다. 낙동강의 줄기가 이황과 예안에 살았던 사대부들에게 서로를 연결하는 매개가 되었던 것을 볼 수 있다.

이황이 자리를 잡은 청량산 아래 도산은 농사를 지어 생활의 기반을 마련할 수 있고, 강을 따라 사람들과 교유할 수 있는 곳이었다. 이 공간을 이황은 사랑하였다. 이곳에 담긴 이황의 문장은 후배 학인들에게 기준으로 작용하였다. 이황은 때때로 농운정사隴雲精舍에 거처하면서, 농운정사에 대해서 다음과 같이 말하였다.

常愛陶公隴上雲, 唯堪自悅未輸君
항상 사랑하노니 도공陶公의 언덕 위의 구름은 오직 혼자서
기뻐할 만하지 님에게는 줄 수 없네.

晚來結屋中間臥, 一半閑情野鹿分
늘그막에 그 중간에 집을 짓고 누웠으니, 한가로운 정취는
들사슴과 나눠 가지네.

이황의 농운정사는 모두 여덟 칸인데, 시습재時習齋와 지숙료止宿寮, 관란헌觀瀾軒 등의 건물로 구성되어 있었다. 이황은 이곳에서 바라보이는 도산의 언덕 위에 떠 있는 구름을 사랑하였다. 이황은 복잡한 서울에서 관직에 있다가 벼슬을 버리고 도산으로 돌아오니 그 산 속에는 아무것도 소유할 것이 없었고 오직 언덕 위에 흰 구름만이 피어나고 있었다. 이황은 이곳에서는 자연과 하나가 되는 기쁨을 느꼈다.

日事明誠類數飛, 重思復踐趁時時

날마다 명明과 성誠을 일삼기를 부지런히 하고, 거듭 생각하고 다시 실천하기를 때때로 하네.

得深正在工夫熟, 何啻珍烹悅口頤

공부가 익숙하면 깊이 얻음이 있으리니, 어찌 좋은 음식이 입을 기쁘게 함과 같을 뿐이랴.

―「時習齋」

그리고 농운정사에 시습재를 설치하였다. 이곳은 배우고 때때로 공부하는 공간이었다. 무엇보다 시습時習은 자신은 물론 학생들을

그림 14
〈강세황 필 도산서원도〉 부분, 국립중앙박물관 소장, e뮤지엄에서 전재

위한 공간이었다.

이황이 세상을 떠나고 서당은 도산서원이 되었다. 도산서원 경내에는 사당인 상덕사尙德祠가 들어섰고, 이황을 제사 지내는 공간이 되었다. 그 아래로 강당인 전교당典敎堂이 있고, 박약재博約齋와 홍의재弘毅齋, 진도문進道門 등이 들어섰다. 이황은 만년에 도산에서 천명을 즐기면서[天命之謂性], 순리대로 생활하고[率性之謂道], 도를 닦는 삶을 살았다[修道之謂敎]. 천연대와 천광운영대는 천명天命을 즐기

168

는 공간이었고, 완락재와 농운정사는 솔성과 수도의 공간이었다. 진도문道, 전교당敎이 건립되면서 천리天理, 성리性理의 함의를 지닌 천연대, 천광운영대, 완락재와 더불어 중용의 성性, 도道, 교敎의 구도가 도산서원이란 공간에 정연하게 그 체계를 갖추었다. 이황은 자신이 거처하는 예안의 경관에 특별한 의미를 부여하였다. 이황은 만년에 도산에 터를 잡아 도산서당을 세우고 「도산기陶山記」를 지었고, 「도산잡영」을 노래하였다.

그것은 거슬러 올라가면 주희의 「무이정사잡영」의 전통을 이어 자신의 세계를 구축한 것이었다. 조선시대 사대부들은 주희의 학문에 대해서 깊이 침잠하면서 주희의 공간에 깊은 관심을 가졌다. 주희가 설계하고 공부하였던 무이구곡武夷九曲은 주희의 학문을 닮고자 하는 조선시대 사대부들이 자신만의 공간을 만들어가는 데에 기준이 되었다.

16세기 후반에 이이李珥는 황해도 해주 석담에 고산구곡高山九曲을 경영하였다. 이이는 1569년(선조 2) 관직을 그만두고 해주 야두촌野頭村으로 물러났다. 이이가 해주에서 지내자 각지에서 사람들이 모여들었다. 이듬해 이이는 문인들과 고산의 석담을 돌며 구곡의 이름을 짓고 그곳에 정착하기로 하였다. 그리고 1575년(선조 8) 황해도 관찰사로 있다가 다시 석담으로 돌아와 주희朱熹가 만년에 은거하면서 경영한 무이정사武夷精舍와 무이구곡武夷九曲의 자연을 읊은「무이도가武夷櫂歌」를 본떠 은병정사隱屛精舍를 세웠고, 1578년에는「고산구곡가」를 지었다.

정구鄭逑는 경상도 성주에 무흘구곡武屹九曲을 경영하였다. 정구는 1604년(선조 37) 성주 대가천 상류에 무흘정사武屹精舍를 지었다. 정구 역시 주희의 학문과 삶을 따르기를 다짐하였다. 정구는 주희의「무이도가武夷櫂歌」에 화운和韻하여「앙화주자무이구곡시운仰和朱子武夷九曲詩韻」 10수를 지었다. 정구가 세상을 떠나자 후손과 문인들은 정구가 공부하던 대가천 상류를 무흘구곡으로 여기고, 그곳에서 정구가 지은 문장들과 함께 정구를 기억하였다.

16세기 조선 사회는 이전 시기와 다른 문화가 만들어져 갔다. 사대부들은 자연을 함께 할 수 있는 곳에 자리를 잡았다. 경상도 지역을 두고 보면 이제까지 사대부들은 낙동강을 중심으로 형성된 상주와 선산 같은 규모가 큰 고을에 기반을 가지고 살아갔다. 16세기에 접어들면서 사대부들이 거주하는 공간이 확장되어 갔다. 농사를 짓는 데 알맞은 계곡을 차지하고, 보다 자연으로 깊이 들어가 자리를 잡았다. 이황이 자리를 잡았던 도산과 분천, 오천과 같은 공간은 이 시기에 새롭게 사대부들이 거처하면서 개발된 지역이었다.

이런 변화에 맞추어 사대부들의 생활공간은 16세기 이후에 정사

精舍나 서원, 정자 등을 세우면서 급격하게 변하여 갔다. 이런 변화에는 주희의 학문이 작용하였고, 조선으로 보자면 이황의 학문과 일상생활의 공간이 작용하였다. 이황의 도산 경영은 후학들에게 기준이 되었다. 이이의 고산구곡과 정구의 무흘구곡은 이런 맥락에서 구성된 공간이었다. 조선 후기에는 학자들은 주희의 무이구곡과 이황의 도산, 이이의 고산구곡과 정구의 무흘구곡을 본받아 자신들의 공간을 구성하였다. 이 공간은 생활의 터전이면서 이상을 담은 학문적 공간이었다.

이황이 거처하던 곳에서 강을 따라 남쪽으로 내려오면 오천 마을이 있었다. 김광계는 그곳 오천 마을에서 태어나고 자랐다.

> 밤에 촛불 심지를 잘라가며 책을 읽었다. 밤이 깊어서 창문을 여니 달빛이 대낮 같고 소나무 그림자가 일렁거렸다. 홀로 뜰을 걷자니 갑자기 긴 솔바람 소리가 나는데, 문득 가슴속에 한 점 찌꺼기조차 없어지는 것 같았다. 이윽고 암서헌을 바라보니 창문은 옛날과 같았다. 거닐며 바라보니 흡사 선생께서 앉아 계시는 것과 같았다.
>
> ―『매원일기』 1605년 2월 14일

김광계의 공간은 이황과 그의 제자들이 생활하던 곳이었다. 그들은 저 멀리는 송나라의 주희가 학문을 지향하면서 설계하고 살아갔던 공간을 담고 있었고, 가까이는 이황과 제자들의 공간이었다. 그들은 바로 김광계의 할아버지와 아버지였고, 16세기 조선에서 살아갔던 사대부들이었다. 김광계는 그 안에서 그들의 자취를 떠올리고, 그들의 일상을 따라 하면서 자신도 그들과 같은 삶을 살기를 꿈꾸었을 것이다.

나들이는 집을 떠나 가까운 곳에 잠시 다녀오는 일이라고 한다. 그러니 나들이는 지극히 일상적이면서, 잠시 일상을 벗어나는 일이다. 조선시대 사대부의 나들이는 그들이 살아가는 지극히 일상적인 공간에서 이루어지는 외출이며 일상의 변주였다. 그러니 조선시대 사대부들의 나들이는 그들의 일상 공간에 대한 구성에서 자취를 찾고 그 의미를 이해할 수 있다. 김광계의 일상 공간은 주희의 학문에서 비롯하였고, 이황이 이상을 담아 구성한 공간과 같은 맥락에 있었다. 그런 바탕 위에서 김광계는 선조가 마련한 공간에서 태어나고 자랐다. 김광계의 나들이는 이 공간에서 이루어진 일상이면서 일상의 변주이기도 하였다.

❖ 주석

3. 연꽃 가득한 서재에 피어나는 거문고 소리

1 아양峨洋: 아아양양峨峨洋洋. 연주 소리가 낭랑하고 거침없음을 형용하는 말이다. 『열자列子』「탕문湯問」에 "백아는 거문고를 잘 타고, 종자기는 잘 알아들었다. 백아가 거문고를 타며 높은 산에 뜻을 두면 종자기가 '좋구나! 높고 높아 태산과 같도다.' 하였고, 흐르는 물에 뜻을 두면 '좋구나! 넘실넘실하여 강물과 같도다.' 하였다[伯牙善鼓琴, 鍾子期善聽. 伯牙鼓琴, 志在高山, 鍾子期曰, '善哉! 峨峨兮若泰山.' 志在流水, 鍾子期曰, '善哉! 洋洋兮若江河.']."라는 고사에서 유래하였다.

참고문헌

1. 자료

『매원일기』.

『매원유고』.

『계암일록』.

『퇴계선생문집』.

『수운잡방』.

『쇄미록』.

『미암일기』.

『지암일기』.

『묵재일기』.

『퇴계집』.

『오천세고』.

2. 논문

강신애, 「조선시대 무이구곡도의 연원과 특징」, 『미술사학연구』 254, 한국 미술사학회, 2007.

권오영, 「退溪의 「陶山雜詠」의 理學的 含意와 그 전승」, 『한국한문학연구』 46, 한국한문학회, 2010.

김문기, 「退溪九曲과 退溪九曲詩 연구」, 『退溪學과 儒敎文化』 42, 경북대학교 퇴계연구소, 2008.

김수현,「石溪 李時明의 삶과 문학」,『영주어문』56, 영주어문학회, 2024.
김주순,「松江 鄭澈의 漢詩에 나타난 陶淵明의 受容樣相」,『中國學』32, 대한중국학회, 2009.
노재현,「구곡원림의 원류, 중국 무이구곡武夷九曲의 텍스트성-국내 전승傳承 과정을 중심으로-」,『한국조경학회지』36, 한국조경학회, 2009.
박양리,「묵재일기를 통해 본 16세기 사대부 여성의 초상」,『한국민족문화』77, 부산대학교 한국민족문화연구소, 2020.
박영민,「遊山記의 시공간적 추이와 그 의미」,『민족문화연구』40, 고려대학교 민족문화연구원, 2004.
신두환,「退溪의「陶山雜詠」에 나타난 공간감각의 미의식」,『퇴계학논집』7, 영남퇴계학연구원, 2010.
심규식,「1622년 7월 16일, 赤壁船遊의 두 표상-축출된 관각문인들의 남한강 선유와 퇴계학파의 낙동강 선유」,『韓國漢文學硏究』88, 한국한문학회, 2023.
우인수,「조선후기 도산서원 원장의 구성과 그 특징」,『退溪學과 儒敎文化』53, 경북대학교 퇴계연구소, 2013.
이상균,「朝鮮時代 遊覽을 통한 士大夫의 交遊樣相」,『사학연구』106, 한국사학회, 2012.
이수인,「儒仙들의 풍류와 소통-『需雲雜方』을 통해 본 16세기 한 사족의 문화정치학」,『大東文化硏究』80, 성균관대학교 대동문화연구원, 2012.

이승연, 「조선에 있어서 주자 종법 사상의 계승과 변용: '시제時祭'와 '묘제墓祭'를 중심으로」, 『국학연구』 19, 한국국학진흥원, 2011.

정우락, 「구곡원림九曲園林의 양상과 경북 구곡의 문화사적 의미」, 『유학사상문화연구』 77, 한국유교학회, 2019.

정치영, 「유산기로 본 조선시대 사대부의 청량산 여행」, 『한국지역지리학회지』 11, 한국지역지리학회, 2005.

조은숙, 「조선중기 사대부 일기 속에 나타난 여성의 지위 고찰-김돈이金敦伊의 삶을 중심으로-」, 『고전문학과 교육』 46, 한국고전문학교육학회, 2021.

추제협, 「이황의 [도산잡영]에 그린 도산의 삶과 산수지락」, 『퇴계학논집』 23, 영남퇴계학연구원, 2018.